COLLECTION FOLIO

Laurent Demoulin

Robinson

Gallimard

© Éditions Gallimard, 2016.

Philologue et poète, Laurent Demoulin enseigne la littérature contemporaine à l'université de Liège. *Robinson*, son premier roman paru aux Éditions Gallimard, a reçu le prix Victor Rossel 2017.

À mes trois enfants

Mon Petit Robinson, qui près de moi t'affaires,
Robinson au travail incessant et sonore,
Au travail insensé, sans fin et solitaire,

Mon Robinson aux cris d'intrépide ténor,
De pinson, de dindon, de bison, de busard,
De vent claquant en vain ses voiles indolores,

Mon Robinson sans mot, sans surprise et sans fard,
Sans sermon, sans surmoi, sans projet d'avenir,
Sans bouteille à la mort au secours du hasard,

Mon Robinson, parfois, je ressens le désir
De rejoindre ton île au milieu de la mer,
À la croisée du Temps qui mêle aux souvenirs
Un présent immobile et pourtant éphémère.

Au pied du trône

Soudain, Robinson se met à pleurer. Sa tristesse ne va pas *crescendo* : elle semble immédiatement profonde — ou plutôt, sans fond. Rien ne la tempère ni ne la médiatise : c'est un diamant de malheur inconditionnel. Comme il ne parle pas, qu'il n'a jamais parlé — pas un mot, pas une phrase —, je ne dispose que de peu de moyens pour comprendre la raison de ses larmes.

S'ennuie-t-il ? Trouve-t-il soudain que la vie est absurde ? A-t-il mal aux dents ? Faim ? Soif ? Est-il traversé par une idée noire ? Est-il envieux ? Anxieux ? Tracassé ? Torturé par une angoisse intime ? Ou par l'angoisse de son père ? Je m'approche de lui pour le prendre dans mes bras, le serrer contre moi, à la façon dont ma mère consolait mes chagrins, il y a si longtemps, dans mon autre vie. Mais Robinson se dérobe, me repousse : à ma tendresse, il préfère sa lourde peine. Terré dans un coin, le dos calé contre le mur, il laisse la misère du monde se concentrer dans son être.

Une rapide déduction me donne à penser qu'il a sans doute mal au ventre. Cela fait deux jours qu'il ne s'est pas rendu aux toilettes — si, bien sûr, il y est allé : je l'y ai conduit plusieurs fois, mais il n'y a pas produit grand-chose. Pas de «grande commission», comme disait ma grand-mère. Et il n'a pas non plus rempli les couches-culottes que, malgré son âge, il continue à porter nuit et jour.

En tant que non-autiste, j'ai cette faculté : je peux quelque peu prévoir l'avenir. Grâce au langage, cette quatrième dimension dans laquelle il est si douloureux d'entrer — car on y rencontre le mot «mort» et le mot «jamais» — et dont il est impossible de sortir, grâce à la double articulation, aux signifiants, aux signifiés, aux phonèmes et aux monèmes, aux proverbes immémoriaux, à la philosophie phénoménologique et à la poésie byzantine, je suis capable, comme si je lisais directement dans les étoiles, de prédictions imparables telles que : qui ne chie pas pendant trois jours a mal au ventre et à la tête.

Le non-autiste pense de la sorte. Le oui-autiste demeure dans le présent : il est sans recours face à la douleur.

J'installe donc Robinson sur le trône blanc. Et je m'assieds à ses pieds, à la fois pour l'empêcher de filer — si je le laissais seul, il s'en irait, cul nu à travers l'étage, causerait tel ou tel dégât — et pour le soutenir dans l'épreuve, car il éprouve de grandes difficultés à expulser les excréments. S'attache à cette tâche une froide terreur, difficile à définir, si forte qu'il attend toujours la dernière minute pour s'y astreindre, au risque de se boucher les sphincters et de souffrir le martyre. C'est pourquoi je suis là à partager son intimité au plus près, en face de lui, quelque peu en contrebas, nos deux visages n'étant séparés que par une dizaine de centimètres d'air urbain et de lumière artificielle.

Et, assis ainsi au pied de cette divinité impénétrable, j'entonne une prière concrète : « Caca ! Caca ! » Je me contente de ce substantif, auquel je n'adjoins ni verbe, ni article, ni complément : si le oui-autiste ne parle pas du tout, il comprend quand même quelques mots-phrases du non-autiste, à condition que ceux-ci soient brefs et en rapport avec la situation présente. Je répète donc inlassablement cette syllabe unique, qui résonne comme en écho, ce seul vocable, qui nous vient du latin, du latin vulgaire, certes, mais du latin tout de même, comme le mot « liberté » ou le mot « amour », précisément du verbe « *cacare* », qui a donné également à la langue française le verbe « chier », déjà rencontré en ces pages et qui se rattache lui-même, étymologiquement parlant, à un antique terme indo-européen, égaré dans les couloirs de l'Histoire non sans avoir laissé çà et là quelques traces, par exemple dans le verbe grec « *kakkan* », le russe « *kakat* » ou l'allemand « *kakken* ». Toujours est-il qu'en répétant, par terre, au pied d'un enfant de neuf ans, ce substantif à la noble ascendance, je songe aux étudiantes et aux étudiants que je m'apprête à interroger oralement à l'université, dans quelques jours, et qui auraient bien moins peur de moi s'ils me voyaient en pareille posture : ils connaîtraient ma vraie nature.

Comme la situation risque de durer, je cherche une position confortable dans ce lieu dit d'aisances, m'appuie contre le chambranle de la porte demeurée grande ouverte. «Car hélas! que ce soit, la nuit dans les orages, un jeune rossignol pleurant au fond des bois, que ce soit l'archet d'or, la harpe éolienne, un céleste soupir, une souffrance humaine, quel est l'homme, aux accents d'une mourante voix, qui.» Robinson interrompt ma lecture à peine entamée en se mordant l'index droit d'un air anxieux. Au «Saule» de Musset, extrait du *Livre d'or de la poésie française* de Pierre Seghers, livre que j'ai laissé dans les toilettes, au cas où, et que je viens d'ouvrir, succède alors la reprise de mon antienne : «Caca! Caca!»

Malheureusement, ma prière reste sans effet. Le petit dieu ne daigne décidément pas me faire don d'un bel étron. Du moins est-il calmé : la douleur lui laisse un répit. Je le rhabille et lui rends la liberté. Il retourne aussitôt dans sa chambre et s'applique à l'exploration méthodique de son coffre à jouets, dont il dispose tranquillement les trésors autour de lui, petites voitures, foreuses en plastique, briques à emboîter, tuyau d'aspirateur — d'un vieil aspirateur que j'ai désossé à son intention.

Un quart d'heure plus tard, je le surprends en

flagrant délit, c'est-à-dire debout dans une drôle de pose, les jambes raides, quelque peu écartées, le buste légèrement penché en avant. À tout prendre, puisqu'il ne peut plus se retenir, il préfère remplir son lange, comme si cela l'arrangeait de garder ses productions au plus près de son corps. Moi, cela ne m'arrange guère; je lui dis à nouveau : «Viens, tu vas aller faire caca.» Et je le prends par la main pour sortir de sa chambre. Il me suit mais il pose d'abord, obéissant à un rituel aussi mystérieux qu'impérieux, son pied dans une encoignure, entre l'ancienne cheminée et un pan de mur, comme il en a l'habitude, quelle que soit l'urgence, au moment de quitter la pièce. Une fois de plus, je l'installe sur le cabinet. Il se laisse faire.

Robinson, déculotté, assis sur la planche noire au sommet du cabinet de faïence blanche, rayonne de beauté. À part quand une grimace traverse son doux visage, il est toujours beau, anormalement beau — «comme un ange», disent celles et ceux qui le voient pour la première fois, étonnés, désemparés.

Il est à présent vraiment occupé par ses intestins : il sait qu'il ne peut plus remettre à plus tard son devoir à cet égard et il cherche à chier — allitération littérale. Son attention paraît intégralement tournée vers ce travail intime. Il ne se dit pas «Alors, ça vient?»; il ne pense ni «merde» ni «constipation» : il écoute son corps d'une façon directe, ce que nous, les parlants non autistes, sommes incapables de faire. Il est tout entier là, dans ses intestins, dans les tubulures aveugles de son ventre. Pourtant, il me regarde droit dans les yeux. Sans arrière-pensée, sans médiation. Sans le détour qu'impose le langage.

C'est magnifique.

Je prononce alors son prénom avec douceur, pour circonscrire mon émotion. «Robinson.» Comme s'il allait me répondre «Papa» et dire pour la première fois mon nom de père. Aussitôt, je me ravise : parler, même en ne disant qu'un mot, même ce mot-là, «Robinson», c'est m'éloigner de lui. Je me re-tais et je le regarde comme il me regarde, en silence. Peut-être suis-je dans l'illusion. Peut-être ses yeux se perdent-ils dans le vide et non dans les miens. Mais je me sens traversé par son regard, transpercé, transporté par lui en mon vrai lieu, dans un contact primordial, dépersonnalisant, dés-égotisant, mythique, céleste et désarmant. Je cherche à ne faire qu'une chose : recevoir ce regard — comme bientôt l'eau de la cuvette reçoit, dans un plouf souverain, le cadeau d'un splendide caca brun mordoré.

Et c'est un sentiment de pure joie que nous éprouvons ensemble l'un et l'autre, en cet instant de grâce intemporelle.

Au supermarché, I

Aujourd'hui, Robinson a dix ans. En le glissant dans le petit siège écarlate à l'avant du chariot du supermarché, je songe : « Jusqu'à quel âge parviendrai-je à te loger dans ce siège, mon beau Robinson ? » Terminant la manœuvre en souplesse, veillant à ne pas me tordre le dos ni à empaler la poche de son pantalon dans le rebord métallique de cet habitacle qui semble avoir rétréci à chacune de nos visites, je me dis, une fois encore, que, quand il n'y entrera vraiment plus, il ne sera plus question de faire les courses ensemble.

Une fois à l'intérieur, je lui ôte sa cagoule, je caresse ses cheveux d'or et lui souris : il me répond en éclairant son visage d'une lumière brève, blonde et intense, sous les néons blancs. Je prends d'abord la direction du rayon destiné aux enfants. J'ai de la chance : le magasin liquide les surplus de Noël et de Saint-Nicolas, de sorte que tous les jouets sont soldés. Compensant, par un assaut d'affection, une sorte de marée froide et inquiétante qui monte lentement en moi, j'adresse à Robinson quelques mots doux — j'oublie aussitôt lesquels —, avant de le serrer contre moi, sans faire attention aux autres clients, et de lui déclarer qu'il peut choisir le jouet qu'il veut. Mon fils n'a sans doute pas compris ma phrase trop longue, mais il tend spontanément les bras vers tel ou tel jouet quand j'arpente lentement le rayon dans un sens puis dans l'autre.

Je m'y attendais : il jette nettement son dévolu sur une peluche musicale arborant sur son carton, comme mention d'âge, un grand 0. Six mois. Il a hésité, c'est vrai, avec certains modules à emboîter montant jusqu'à trois ans.

Quand il a eu dix ans, Hadrien, son grand demi-frère, a dû affronter courageusement le divorce de ses parents, avec des mots, des pleurs, des questions et des silences. Et c'est du haut de ses dix ans également que Zoé, la sœur d'Hadrien, a trouvé les larmes nécessaires pour comprendre que ses grands-parents paternels venaient de mourir. Robinson avait alors cinq ans : nul ne sait s'il a complètement oublié sa grand-mère et son grand-père ni, au cas où il se souviendrait quelque peu d'eux, dans quel halo, dans quels limbes immobiles, ce matin, hier ou demain, il a enregistré leur absence.

Aujourd'hui, Robinson a dix ans : cela ne veut rien dire. Et ce «rien dire», comme tous les riens, est un rongeur tenace ; le non-temps qui passe est plus implacable encore que le temps.

Je dépose le jouet dans le chariot et je poursuis mes courses. À une dame âgée et petite, qui a fait un léger écart pour me laisser passer, se dérangeant ainsi un instant de sa contemplation d'un bel arrangement de légumes en boîte, j'adresse un «Je vous prie de m'excuser, Madame!» un peu excessif par les temps qui courent — auquel l'intéressée répond d'ailleurs par un très simple «Il n'y a pas de quoi». Il m'arrive ainsi, dans pareilles circonstances, en compagnie de Robinson, d'éprouver le besoin d'être aimable avec tout le monde et de manifester mon amour à l'humanité entière.

Notre frêle esquif arrive ensuite aux abords de la poissonnerie du grand magasin. Le poissonnier, un jeune homme portant de petites lunettes à la John Lennon, réussissant l'exploit de paraître intelligent malgré son bonnet de feutre, fait les cent pas, l'air désœuvré, derrière un parterre d'huîtres creuses du Pacifique, d'éperlans, de lamproies et de perches du Nil. Nous nous arrêtons à sa hauteur et je lui commande du saumon — une bonne idée pour l'anniversaire de Robinson, puisqu'il raffole de ce poisson. Tandis que le poissonnier pèse mes darnes, mon fils lance un cri inarticulé, mû par une satisfaction intime, à moins qu'il ne s'agisse d'un exutoire à un sursaut d'énergie. Le jeune homme et moi faisons semblant de n'en rien entendre. Et, pour permettre à ce spécialiste sous-employé de me faire état d'une science qui, vu son âge, doit être neuve — et donc agréable à divulguer, tant il est vrai qu'on aime transmettre à autrui un savoir que l'on vient d'acquérir —, je lui demande de m'expliquer ce qu'est le *skrei*, poisson dont je n'ai jamais entendu le nom et que je découvre sur son étal.

— C'est un cabillaud de la mer de Barents.

— Ah oui, bien entendu, la mer de Barents…

— Mais si ! Vous voyez, précise-t-il : au nord de la Norvège…

Sa satisfaction intellectuelle est tellement communicative que j'achète un petit morceau de ce poisson scandinave, « pour goûter », et, tandis qu'il l'emballe, je lui demande, alors que ce n'est probablement pas moi qui vais m'en occuper à la maison, comment il convient de le cuisiner. Sur ce point précis, aussi, il prend plaisir à me répondre, me conseillant de frire le *skrei* dans une noix de beurre plutôt que de le cuire à l'eau. Ou alors au four, avec des petits légumes.

En reprenant mon chemin dans les rayons, sans doute au milieu des yaourts et des fromages conditionnés, je réfléchis à nouveau au choix opéré par Robinson quelques minutes plus tôt. Les jouets pour bébés, qui l'ont attiré, présentent tous la particularité d'apparaître dans des boîtes aux trois quarts ouvertes, ou en partie transparentes : pour les désirer, les tout-petits doivent voir les jeux. Dès que les enfants ont un tant soit peu grandi, les boîtes sont fermées (cela doit faciliter le transport et représenter un moindre coût d'emballage) : le petit consommateur s'informe spontanément de son contenu grâce à une photographie imprimée sur son carton. L'image stimule son désir, peut-être davantage que le jouet réellement exposé.

Robinson, quand il ouvre le garde-manger à la maison, reconnaît bien entendu la bonbonnière contenant ses biscuits préférés, car il a une très bonne mémoire : il a déjà vu les langues-de-chat ou les dents-de-loup sortir de leur emballage. Il est capable d'associer deux informations et de les relier entre elles, mais sait-il pour autant lire une nouvelle image? Rien n'est moins sûr.

Au rayon des bouteilles d'eau, un barbu, dont le collier de poils est finement taillé, trop bien habillé pour se rendre au supermarché, allant jusqu'à porter une cravate bleu marine se détachant avec netteté sur le fond blanc d'une chemise immaculée, me regarde d'un air réprobateur : pense-t-il que cela ne se fait pas de placer un garçon de dix ans dans un siège de chariot normalement réservé à de très petits enfants? Soudain, sans prévenir et sans raison, Robinson, jusque-là assez placide, presque immobile, met tout son corps en mouvement : il bat des pieds, les frappant l'un contre l'autre en écartant les jambes à partir des genoux, agite les bras en l'air devant lui, tourne les mains telles de folles marionnettes, fait pivoter sa tête comme pour dire énergiquement «Non, non» et lance un cri joyeux, irrésistible et inarticulé.

Le regard du barbu change tout aussi brutalement d'état, même si c'est de façon nettement moins spectaculaire : il passe de la méfiance accusatrice à la franche pitié, tandis que sa bouche me concède un sourire aimable et contrit.

Robinson, sur ces entrefaites, me désigne, vindicatif, l'étal de la charcuterie intérieure du magasin. Je sais quel est l'objet de son désir : la tranche de boudin qu'offrent aux enfants, depuis des temps immémoriaux, les bouchères même les moins amènes. Je n'ai besoin ni de salami ni de jambon et me prépare à refuser — mais c'est son anniversaire que diable ! Mon Robinson, mon bébé de Damoclès, ma clé du paradis, a dix ans aujourd'hui même !

Pour faire bonne figure, je commence par commander douze tranches de poulet au brocoli puis un morceau de pain de viande farci de fromage. Robinson s'impatiente et se met à pleurer de façon brutale, irrépressible et si triste que j'interpelle aussitôt la bouchère qui s'occupe de mes achats pour lui demander, d'urgence, à l'intention de mon fils, une rondelle de boudin blanc. S'interrompant au vu de la gravité de la situation, elle me donne au plus vite un peu de cette charcuterie enfantine. Robinson s'en empare avec avidité, et l'avale aussitôt. Mais, quelques secondes plus tard, comme s'il n'avait pas épuisé la profonde tristesse que ce boudin différé avait, semble-t-il, réveillée plus que provoquée, il recommence à pleurer. J'en termine avec la bouchère et je m'éloigne sans plus savoir où aller exactement.

Les mots que j'adresse alors à Robinson dans

l'espoir de le calmer, le morceau de pain que je lui tends, mû par le sentiment de culpabilité propre aux parents d'enfants «différents» qui ont peur de «déranger les autres», demeurent sans effet, rien ne semblant pouvoir endiguer sa tristesse. Alors a lieu l'événement : je vois le jeune poissonnier quitter son étal et se diriger vers moi. Va-t-il me prier de faire moins de bruit ? Ses yeux marquent l'inquiétude. Il a visiblement hésité avant de poser l'acte qu'il est en train d'accomplir.

— Est-ce qu'il aime les crevettes ?
— Je ne sais pas, dis-je, désemparé.

Nous suivons le poissonnier. De retour dans son étal, celui-ci prend une crevette fraîche, la décortique avec soin, la tend à Robinson, qui arrête aussitôt de geindre puis qui, selon son habitude, commence par renifler le petit crustacé marin, avant de le croquer prudemment. Au lieu de le repousser, il le fourre tout entier en bouche, à la satisfaction générale. *Alléluia*. Je remercie le jeune homme avec chaleur.

Robinson a dix ans. Du jour de mes dix ans, je garde une image : je suis dehors, dans l'allée pavée qui longe l'arrière de la grande et belle maison que mes parents ont acquise deux ans plus tôt, qu'ils sont alors occupés à restaurer avec passion et dans laquelle ils mourront. Soudain, je visualise les deux dates : celle de l'année de ma naissance, celle de l'année en cours. Je suis encerclé par ces deux séries de chiffres, 1966-1976, à la fois trop imposants et trop étroits pour moi. Dix ans. Et si je multiplie dix par deux, je tombe sur ce texte, écrit le jour de mon vingtième anniversaire :

« *Mes* vingt ans, comme s'ils m'appartenaient, comme si ma vie avait été une succession de jours — tous de la même valeur — qui ensemble formaient des années, des années — toutes du même poids — qui avaient fini par se trouver à vingt, là, bien installées dans de moelleux coussins et moi devant elles, fier de les posséder, de les avoir sous mon emprise... Non ! Vraiment, ils ne sont pas à moi, ces vingt ans, ils sont à ma mère, peut-être, qui se souvient de son premier accouchement [...]. » À qui appartiennent les dix ans de Robinson ?

Il est temps de gagner les caisses. Je les longe d'abord, non pas pour choisir la file la plus courte, comme il sied, mais à la recherche de ma caissière préférée — j'ai mes petites habitudes, moi aussi. Malheureusement, Michèle, puisque tel est son prénom, ne travaille pas aujourd'hui, visiblement : sans doute est-elle en congé, ou en pause. Déçu, je prends la première place qui se présente à nous et commence à poser sur le tapis roulant divers bocaux de légumes.

Alors que j'ai terminé de vider mon chariot et que, passant de l'autre côté du tapis roulant, je commence à enfoncer dans de grands sacs réutilisables les victuailles scannées par la caissière, Robinson se remet à pleurer avec rage et se mord férocement l'index droit. J'essaie de l'en empêcher, tout en continuant à ranger les mille denrées — bananes, chocolat, lessive liquide, boule impressionnante de céleri rave — que la caissière, indifférente, concentrée, besogneuse, continue à déposer sur le tapis à une vitesse prodigieuse. Je songe avec nostalgie aux encouragements que sa collègue Michèle n'aurait pas manqué de me prodiguer à sa place.

Robinson finit par se calmer : il est temps de payer l'addition qu'une machine intelligente a rapidement effectuée à notre place.

— Cela fera 188,88 €, s'exclame la caissière, avant d'ajouter, presque émue : vous êtes le troisième client aujourd'hui dont les entiers et les décimales sont identiques. Cela veut dire quelque chose. Je devrais jouer au Lotto.

Je lui rends son sourire, qui m'apparaît tout à fait sympathique et qui me fait, d'un coup, comme par magie, changer d'avis sur cette personne que je trouvais froide un instant plus tôt. Au fond, se consacrer davantage aux chiffres qu'aux cris d'un enfant oui-autiste — un enfant de dix ans — c'est tout à fait humain. Ni les dieux de l'Olympe ni les animaux ne réagissent ainsi, ni les sylphides ni les nymphes. Ni les juments ni les libellules.

Malheureusement, sur le chemin du retour, juste avant d'arriver à la maison, une voiture Land Rover 4 × 4 débouche à vive allure de la rue perpendiculaire à la mienne, prenant, avec violence et trop vite, sa priorité. Je me rabats sur le côté et érafle une voiture garée à ma droite. Je sais que je ne vais pas hésiter longtemps sur l'attitude à adopter : je m'apprête à poser sur le pare-brise du véhicule bousculé un mot d'excuse accompagné de mon nom et de mon numéro de téléphone. Une banale série d'ennuis s'ensuivra.

À la maison, la poignée de la porte de notre chambre — qui jouxte celle de Robinson — me reste dans la main. D'un coup, je perds tout mon beau courage et je me laisse tomber dans un puits sans fond.

Aujourd'hui, Robinson a dix ans.

Dans les airs, I

À la façon dont gicle du citron pressé le jus jaune et acide, jaillit soudain de la bouche de Robinson un rire juvénile et jubilatoire. Robinson exulte, s'exalte, éclate de joie. Comme s'il savait que jamais les humains n'auront droit au vrai bonheur, il invente une forme inédite de gaieté au prix de nouveaux cris. Il sautille, bat des mains, court à gauche, à droite, devant, derrière, sans perdre un instant des yeux l'objet mouvant qui suscite son enjouement. Peut-être a-t-il peur de cet animal terrestre et sonore rampant sur le sol, mais il s'agit alors de cette qualité de peur qui participe au plaisir, qui le magnifie, qui le justifie, qui donne du courage aux héros.

En un instant, c'est la fête! Est-ce parce que je viens d'offrir à Robinson un nouveau jouet? Que je lui ai promis de nous rendre à la foire ou à la piscine? Que nous écoutons son disque préféré? Que je joue avec lui au bateau et au capitaine, au crocodile vorace et à la gazelle assoiffée? Non, non, non, trois fois non. Je me suis simplement mis à passer l'aspirateur dans sa chambre.

Au tapis

Depuis sa prime enfance, Robinson voue à l'aspirateur un culte dionysiaque. À sa forme biscornue, à l'alternance de ses matières dures et molles. À son corps et son cou, sa queue électrique et sa trompe télescopique. À ses roulettes apparemment mal proportionnées. Malgré son air de bloc de béton immobile et stable, l'aspirateur bouge, lentement mais sûrement, comme si son buste suivait son étrange bouche rectangulaire. Et, bien qu'il se taise la plupart du temps, quand le grand non-autiste le décide, il se met à pousser un chant à nul autre pareil, profond, continu, vaguement inquiétant, aspirant le silence et recouvrant le bruit.

Pour ma part, quand Robinson n'est pas là, j'ai une bonne excuse pour laisser la poussière s'accumuler sur les tapis : ce serait trop bête de passer prosaïquement l'aspirateur, de façon profane, en privant son adorateur d'un moment de culte extatique et ménager.

Dans le catalogue

Votre fils est autiste : vous connaissez le sens profond du mot «joie». Mais vous n'êtes pas heureux. Personne ne l'est sur la terre — vous, vous n'êtes plus obligé de l'être. Vous êtes dispensé du devoir de bonheur contemporain — vous ne devez pas acheter le dernier salon Ikea.

Dans Le Grand Livre des mots *silencieux*

En entrant dans la chambre de Robinson, je tourne spontanément mon regard vers un livre d'enfant, *Le Grand Livre des mots* de Richard Scarry, exposé au sommet d'une étagère en bois, à l'abri de Robinson, qui a accès à d'autres livres plus petits et surtout plus solides, dont toutes les pages sont cartonnées. Quand il en parcourt un, il fait claquer son majeur, selon un geste qui lui est propre, sur chacune d'elles, rythmant sa lecture d'un bruit régulier. *Le Grand Livre des mots* est donc là pour décorer la pièce (j'aime sa couverture), mais il joue aussi à mes yeux un rôle (un peu irrationnel et idiot) de talisman, d'amulette protégeant mon fils — ou plus vraisemblablement me protégeant. Car ce livre m'a appartenu quand j'étais petit enfant — c'était mon livre préféré et j'ai passé des dizaines d'heures à le feuilleter. Il ne raconte pas d'histoire mais présente le monde, de façon ordonnée, dans sa moderne diversité. À côté de chaque objet représenté figure son nom en caractères d'imprimerie : peut-être mon amour des dictionnaires remonte-t-il au *Grand Livre des mots*. Le titre sans doute n'est pas indifférent : il conjure l'absence de langage qui caractérise Robinson. Et puis surtout ce livre, par-delà mon enfance, me ramène à ma mère. Sa couverture, à la suite de péripéties que j'ai oubliées, est abîmée : une languette de papier manque, en plein milieu de l'image. Celle-ci représente une maison vue de l'extérieur, avec un jardin traversé par une allée qu'emprunte un gentil facteur animalier, une taupe, lettre à la main. La partie arrachée couvrait un bout du jardin, un pan de l'allée, les pieds du facteur et les lettres « fac » du mot désignant ce dernier. Ma mère, avec tout le soin dont elle était capable, a complété le dessin, cherchant puis trouvant les crayons dont les couleurs étaient les plus proches du dessin original et, au moyen d'un feutre, qui a coulé un petit peu sur ce carton trop absorbant, elle a complété le mot « facteur ». Après quoi, elle a recouvert l'ensemble au moyen d'un plastique transparent autocollant, avec précaution, sans laisser la moindre bulle d'air en altérer la surface, et elle a renforcé le dos du livre grâce à un épais papier collant blanc disposé de façon tout à fait parallèle à ses bords. Je ne crois évidemment pas que ma mère et son amour soient présents par le truchement de ce livre. Ni même qu'à travers lui elle veille, du haut du céleste empire, sur son petit-fils — ma mère est morte et bien morte, je le mesure à chaque instant — mais, tout de même, j'éprouve une sorte de tendre réconfort à voir ce livre-là, à cette place-là, réparé par des doigts qui n'exécutent désormais plus aucun geste.

Aujourd'hui, comme d'habitude, en entrant dans la chambre de Robinson, je tourne donc mon regard vers *Le Grand Livre des mots*. Il n'est plus à sa place habituelle : il est à terre, déchiré en trois morceaux, la couverture est séparée en deux : une partie du dessin est restée sur le carton d'origine, l'autre est demeurée collée au papier transparent qui le recouvrait. Le pan restauré par ma mère est déchiré. Je ne me sens même pas fâché : je suis abattu. Robinson grandit plus vite que je ne veux bien l'admettre. À le voir, pas de doute qu'il a accès au sommet de son étagère. Je ramasse *Le Grand Livre des mots* de Richard Scarry et le mets à l'abri. Je le réparerai quand j'en aurai le courage.

À la foire

Robinson adore la foire, les attractions fortes, ces petites voitures folles dans lesquelles on est secoué comme à l'intérieur d'une machine à laver le linge, les chenilles chevauchant d'inertes collines, les vaisseaux spatiaux qui demeurent à quelques mètres du sol, le bruit, la foule, les lumières clignotantes, criardes et multicolores.

Malgré mon estomac fragile, je l'accompagne dans ces éprouvants voyages immobiles. Sa joie est ma récompense. Nul ne rit autant que lui parmi les milliers d'enfants qui s'appliquent ici à s'amuser. Mais, avant d'accéder à une attraction, il faut faire la file pour acheter les tickets. Il faut attendre son tour puis patienter encore jusqu'à ce que la chenille s'arrête et qu'il soit enfin possible de grimper à son bord. Robinson tire sur mon bras, en me regardant droit dans les yeux d'un air désespéré, inquiet de mon attitude, comme si je ne comprenais pas son désir. « Que fais-tu, papa? lis-je dans ses yeux pleins d'anxiété. Je ne veux pas regarder le manège tourner, mais y monter, papa, de grâce! Par pitié!» Il n'écoute pas ma réponse, reste sourd à toutes mes explications. Seul le mot-phrase «Attends!» a une chance d'être compris, mais pas dans un contexte aussi émotif. Et je serre très fort sa main en imaginant avec horreur la boucherie spectaculaire qui nous serait infligée s'il parvenait à se libérer de mon étreinte.

En la langue

Nul ne sait ce que, du langage d'autrui, Robinson, qui ne parle pas du tout, comprend ou ne comprend pas. À certaines expressions courtes prononcées dans des circonstances précises, il répond par un comportement approprié : il se dirige vers la cuisine si je lui dis «On va manger» et, quand je répète «Trampoline», il se rend dans mon bureau, pièce qui contient bel et bien, à son intention, un petit trampoline. À «Dis au revoir», il réagit par un geste minimal, en levant l'avant-bras et en pliant l'index, et à «Donne un bisou» en tendant la joue sans pour autant bouger les lèvres. S'il vient de jeter un objet par terre, par exemple sa casquette lors de notre promenade, il me prouve, en le récupérant, qu'il connaît la signification de «Ramasse!». Lorsqu'il est de bonne volonté, il obtempère aussi à «Appuie sur le bouton», «Éteins la lumière», «Assis» ou «Ferme la porte». Et, quand il s'est emparé d'une tranche de pain et qu'ayant à peine mordu celle-ci il désigne le frigo, en geignant, pour demander un yaourt à la vanille, il comprend «D'abord ton pain!», ce qui suppose tout de même une forme de conditionnel. Mais, à ma connaissance, son rapport au langage ne va guère au-delà.

Par ailleurs, il pousse un grand nombre de cris. Aux exclamations significatives s'opposent les éclats de voix purement expressifs — babil ludique obéissant au pur plaisir de faire du bruit, expression d'air sonore, expression sans expression en quelque sorte. Les premiers — hurlements de douleur, pleurs de tristesse, clameurs de joie, haro d'exaltation, etc. — ne sont pas spécifiques et ressemblent à ceux que produisent tous les enfants de son âge (ou plutôt les enfants plus petits). Les autres sont tout à fait personnels, idiosyncrasiques, uniques, impossibles à reproduire : ils demandent une plasticité des cordes vocales étonnante, apparemment inaccessible aux non-autistes. Ces cris expressifs changent de forme d'un mois à l'autre, insensiblement. Aux grouinements de goret qu'on égorge ont succédé un glouglou de dindon difficile à décrire (une sorte de youyouyouyouyou semblable à une variation sur un pronom anglais mêlée aux vocalises lancées par les Marocaines durant les cérémonies de mariages), puis des glapissements de renard glouton, des crépitements de télex des années 1970, des sirènes de paquebot des années 1930, des brames de *Tyrannosaurus rex* du Crétacé, des grondements de grizzly gravissant les montagnes Rocheuses, des courcaillets de phasianidé de l'Ancien Monde, des fredonnements délicats d'abeille abandonnée, des chants de geai des chênes généreux. Pour le moment, son bruit favori rappelle celui d'un fantôme dans les dessins animés de mon enfance — pourtant il ne regarde jamais de dessins animés.

L'un de ses cris a connu un sort particulier : « Omgohod », lancé avec un accent tonique, de type anglo-saxon, portant sur la dernière syllabe « hod », l'ensemble psalmodié en une émission unique qui me rappelle le trille que la chanteuse Deborah Harry de Blondie susurrait dans les dernières mesures de *Heart of Glass*, gros tube de 1978.

Nous avons assez vite remarqué que Robinson émettait ce son lorsqu'il tenait en main son nounours-doudou — la seule peluche qui l'ait jamais intéressé (sinon, il aime plutôt les jouets moins sentimentaux, aspirateur, lacet, faux outils). « Omgohod » pouvait-il dès lors être considéré comme un mot ? Au départ, il s'agissait surtout d'un bruit lié à une situation précise, celle qui le met en présence de son doudou. C'était un éclat de voix lié à une énonciation et non un énoncé proprement dit. « Omgohod » n'était d'ailleurs pas un signe, qui aurait remplacé l'objet en son absence : jamais Robinson n'aurait prononcé « Omgohod » en cherchant son nounours — d'ailleurs, il ne cherche jamais rien, sauf parfois de la nourriture, un yaourt, un morceau de pain, de l'eau —, il se contente en général de ce qui est là.

Un jour, cependant, je lui ai lancé, comme par défi : « Prends Omgohod ! » Et il a saisi son nounours au fond de son lit. Soudain, l'espace d'un court échange entre lui et moi, «Omgohod» est devenu un mot.

Son seul mot — ni «papa» ni «nounours», ni «boire» ni «manger», ni «tiens» ni «je veux» — seulement «Omgohod».

Depuis peu, il ne le prononce plus guère, voire plus du tout, même quand je m'efforce de l'y stimuler — probablement depuis que je lui en ai acheté un neuf, qui reste à la maison et ne l'accompagne pas quand il me quitte. Omgohod aurait été un nom propre absolu qui ne se transfère pas d'un vieux nounours mordillé à son jumeau propre et neuf. À moins qu'il ne soit en train de disparaître en douceur, comme se sont épuisés, à la longue, les grouinements de goret. Le seul mot jamais prononcé par mon fils s'éteint comme une langue moribonde ou déjà morte, le saintongeais, le dalmate, l'araméen, l'aranama, l'atakapa, le kawi, le wallon, le washo ou le murrinbata.

Dans la main

Robinson, même en dormant, refuse la solitude. Toutefois, sa respiration s'alourdit et je retire le plus lentement que je le puis ma main de la sienne pour rejoindre Hélène, ma femme, la belle-mère de mes enfants, et passer avec elle le peu de temps qu'il nous reste de cette journée fatigante avant que le sommeil ne m'abrutisse à mon tour. Trop tôt : la rupture du contact le réveille et il gémit. Je glisse à nouveau mes doigts dans les siens et, de l'autre main, j'ouvre mon livre, qui est éclairé par une petite lampe de spéléologue au milieu de mon front.

Mais je n'ai plus vraiment envie de lire. Je sens la tiédeur des doigts de Robinson dans les miens et, au fond de ma mémoire, un ancien souvenir cherche à s'extraire de mille et une sensations tactiles passées, se faufile, revendique son importance, fait état d'appuis en haut lieu et joue subtilement des coudes pour parvenir à la conscience. J'ai été père avant d'être père — à temps partiel, il est vrai. Quand j'étais adolescent, je m'occupais en effet souvent de Coralie, la dernière de mes sœurs, qui avait treize ans de moins que moi. Si nos parents étaient de sortie, pour conjurer son angoisse, elle débarquait dans ma chambre, vêtue de sa chemise de nuit en pilou rose tendre, tirant son petit matelas derrière elle, et me demandait la permission de dormir au pied de mon grand lit. Une fois la lumière éteinte, elle me prenait la main. C'était assez inconfortable, car j'étais tout à fait immobilisé dans une pose inhabituelle, le bras hors de mon lit descendant jusqu'au sol où se trouvait le matelas de Coralie. Mais, la confiance retrouvée, elle s'endormait assez vite — bien plus rapidement que Robinson. Le contact de mes doigts jouait le rôle de paroles rassurantes et palliait l'absence momentanée de notre mère. S'il dispensait une douce chaleur physique, il constituait avant tout un signe.

En va-t-il de même pour Robinson ? Quel vide comblerait alors ma présence ? Ma main dans sa main est-elle pour lui un symbole d'affection, comme le sont pour les non-autistes les baisers ou les gestes de salut ? Ou s'agit-il d'un contact qui se noue dans le réel ? Me tient-il ou me retient-il pour m'empêcher de m'en aller au loin ?

Dans l'arbre peuplé du sommeil

Ça y est! Robinson s'est endormi. Vraiment endormi. Je peux enfin retirer ma main de la sienne sans qu'il tressaille.

Mais Hélène n'est pas à la maison ce soir. Tel est notre *modus vivendi* : transformer nécessité en vertu. Hélène, pour mieux supporter mon absence relative, due à la présence absolue de cet enfant oui-autiste qui n'est pas le sien, s'efforce d'être elle-même absente dès que l'occasion s'en présente. Malgré un caractère plutôt casanier, elle rend alors visite à une amie ou part avec ses deux filles, Louise et Camille, ou l'une des deux, Camille ou Louise.

Alors, ce soir, comme rien ne presse, que personne ne m'attend de l'autre côté de la porte, je reste couché près de Robinson endormi et je regarde son petit minois baigné par la lumière rose de sa veilleuse.

Si beaux que soient ses yeux, paradoxalement, quand ils se ferment, son visage l'est encore davantage, l'ensemble étant plus gracieux en l'absence de la plus gracieuse de ses parties. Quand Robinson dort, son autisme semble s'être endormi avec lui : ils font tous deux relâche au même moment et profitent de la même escale dans le port de la nuit. Mon fils cadet ressemble alors à mes autres enfants au même âge dans le même sommeil : un enfant qui dort paraît si sage, plus sage et plus intelligent que le plus vieux des vieux sages, plus proche de la Vérité (mais laquelle?) qu'un adulte éveillé. Plus libre aussi. Ses traits trouvent leur vraie place dans une forme de non-mort étale, douce et troublante.

Juste avant de lâcher prise, Robinson a posé Omgohod sur son visage qui se trouve ainsi tendrement encadré par son coussin et par son ours en peluche. Un de ses genoux demeure fléchi sous son édredon. Qui suis-je en train de contempler? Un bel enfant peint dans un clair-obscur rosé par un Raphaël postmoderne ou *mon* enfant? Quand Robinson dort, il perd son statut d'exception : il me semble qu'il s'inscrit plus aisément que d'ordinaire dans le cercle familial, dans mon clan, ma tribu hétéroclite. Il n'est plus seulement mon fils, attaché à moi par un cordon ombilical exclusif et morbide, il est relié à un vaste ensemble, fruit d'un arbre fruitier aux fruits nombreux, aux branches multiples. En mesurant la lenteur de sa respiration apaisée, je m'imagine à sa place. Et celle-ci me fait envie, tant elle me paraît complexe et riche, comme un cadre aux ors baroques autour d'un tableau de Kazimir Malevitch, *Carré blanc sur fond blanc*. Mes grands-parents dans les frondaisons, dans les limbes, invisibles ; mes parents comme de la rosée qui flotte un peu partout dans chaque feuille, en haut, en bas, au cœur de l'absence, au gré du souvenir ; Hadrien, mon fils aîné, né du même père, né d'une autre mère, Hadrien si grand, si calme, comme un tronc, un horizon, comme un possible de ce que Robinson ne sera jamais, arbre à l'intérieur de l'arbre, génie bienveillant — comme un ours placide, une force au repos, un vent favorable ; Zoé, la petite sœur d'Hadrien, la grande demi-sœur de Robinson, qui ne divise nullement en deux son affection pour lui, Zoé ma fille, qui compte à peine cinq ans de plus que lui, mais qui grandit tellement vite, à la fois expressive et secrète, raisonneuse, maîtresse des mots et des phrases, s'efforçant parfois de le gronder et s'apprêtant toujours à le défendre, asile secondaire et féminin, île mouvante, fougère hilare, oiseau de feu aux plumes polychromes ; plus loin, sur le côté, peut-être sur un arbre voisin, frôlant le nôtre, Louise et Camille, Camille et Louise, mes belles-filles, belles et filles, qu'il sait inaccessibles, qu'il confond un peu l'une l'autre, dont jamais il ne s'approche, qu'il ne considère qu'avec une forme étrange de respect, brume blonde et brume brune, fantômes diaprés, essaim de libellules diatoniques, aux paires d'ailes diaphanes, ou, au contraire, entités abstraites et opaques, formes géométriques, touches noires et blanches du piano ?

S'agit-il d'un arbre ? Ou d'un rhizome ? D'une efflorescence ? Où s'y situe Hélène, ma femme, que Robinson cherche toujours à séduire ? Que représente-t-elle pour lui, mon Hélène ? Sa non-mère, sa belle-mère, sa quasi-mère, sa para-mère ? Ou une princesse inaccessible ? Établit-il un lien entre elle et ses filles ? Entre elle et moi ? Il la prend souvent par la main, espérant l'entraîner avec nous quand l'heure est venue de nous isoler, surtout le soir, lorsque nous remontons vers les chambres. Avant d'aller au lit, il vient chercher cinq ou six fois ses baisers — et ce sont les seuls qu'il réclame. La voit-il comme l'eau tiède de son bain ? Comme une fraise ? De la crème vanille ? L'air en été ?

Partout, tout autour de lui, dans chaque nœud de ces multiples embranchements, peut-être me rencontre-t-il, moi qui ne le quitte pas d'un pas, père perpétuel et immuable, miroir doué d'ubiquité, géant symbiotique et imprévisible, qui nourrit, gronde sans raison apparente, lave, lange et torche ?

Moi qui regarde Robinson respirer calmement en me demandant à quoi peuvent ressembler ses rêves.

Ses rêves ? Quelle logique inconnue gouverne les visions peuplant son esprit ? Des mots se cachent-ils sous les images ? Si j'apparais dans le film produit par son inconscient, est-ce que j'y deviens un oui-autiste ? Est-ce que j'y parle ? Quelle langue, quelles courtes phrases ?

Je sens le sommeil me gagner. Peut-être vais-je m'endormir et pénétrer moi aussi dans un monde onirique. Mais ce monde, comme tous mes mondes, sera gouverné par le langage, même s'il paraît fait de tableaux mobiles. Je serai à la fois plus proche que jamais de Robinson et en même temps plus éloigné de lui, solitaire, seul comme un mort, insoucieux, libre et prisonnier de moi-même.

Sur la route de l'angoisse

La voiture ne reconnaît pas cette route qui monte de manière régulière en s'éloignant de la ville. Quant à moi, je la connais par cœur, par corps, par car, par bus, par vélo et même à pied. Les maisons grises des faubourgs la bordent sans laisser place au moindre platane. Et quand apparaissent les premières zones vides, les trouées de paysage, l'herbe et même, avec un peu de chance, quelques vaches au loin, c'est que l'on est arrivé dans le village suburbain qui m'a vu grandir et où habitaient encore mes parents quand, à trois semaines d'intervalle, l'un après l'autre, ils ont été frappés par la mort.

Je sais que je ne suis pas en train de procéder à un pèlerinage et que la voiture obliquera bientôt, avant d'atteindre ce village désormais absent de mes cartes géographiques mentales, trou noir dans la région qu'il faut à tout prix éviter, mais rien n'y fait : au fur et à mesure que monte la route croît mon angoisse. Et, comme par un phénomène de vases communicants, peut-être à cause de ma voix qui change presque imperceptiblement tandis qu'avec Zoé, sa demi-sœur, je parle de la situation politique de notre pauvre royaume, Robinson, à l'arrière, se met à gémir, à se trémousser sur son siège, à se mordre l'index droit, comme s'il était le réceptacle de l'angoisse paternelle, comme si des fantômes se blottissaient contre sa poitrine, gênant le libre passage de l'air dans ses poumons. Est-ce un hasard? Peut-être. Mais, quand enfin la voiture se décide à obliquer à droite vers la piscine de Grivegnée et à quitter la grand-route de Fléron, Robinson retrouve sa bonne humeur.

Seuls les faits peuvent apaiser son mal-être, quelle que soit son origine : la parole est tout à fait impuissante.

Des années auparavant, Hadrien, alors âgé de onze ans, assis sur son lit — un lit en hauteur qui permettait de gagner un peu de place dans une chambre trop petite —, m'avait paru étrangement songeur. Je lui avais posé la question la plus indiscrète qui soit, celle à laquelle jamais personne ne répond :

— À quoi penses-tu?

— ... À rien.

Et il m'avait adressé un sourire forcé, doux mais circonspect, comme s'il voulait me dire : «Ne t'inquiète pas pour moi, papa, cela va passer.»

— Je vois bien que tu es triste. Qu'est-ce qui t'arrive?

— Je me dis que c'est déjà fini, l'enfance.

Encore un peu plus tôt, à table, alors que derrière nous un gentil petit soleil de printemps, inoffensif et guilleret, descendait jusqu'au sol du jardin, Zoé, du haut de ses quatre ans et demi, avait affirmé doctement :

— C'est seulement les méchants qui meurent. Nous, nous ne mourrons jamais, dans notre famille.

À chaque fois, l'angoisse de mes enfants, née de la parole, me submerge comme un tsunami micronésien. Soignant le mal par le mal, je l'endigue alors aussitôt grâce à la parole elle-même, à sa faculté de permanente autocorrection, qui lui donne la force de noyer la noyade dans son eau. Ainsi j'émerge moi-même et je ramène mon fils aîné et ma fille à la nage sur les rivages rassurants de la raison. Mais aucun crawl mental ne me permet d'échapper à l'angoisse préverbale qui déferle parfois sur l'île de Robinson.

Sur la table à langer

Robinson, quand il est avec moi, porte des vêtements rouges. Un manteau rouge imperméable et chaud, une chemise d'un rouge élégant ou un chandail rouge à col roulé — parfois, plus rarement, un pantalon rouge — mais ce rouge-là, du pantalon, est très salissant. J'aime mélanger ainsi le naufragé au Viking, l'homme sur son île et l'homme en mer : Robinson le rouge. Les ondes basses, amples, de 620 à 800 nanomètres, qui émanent de cette couleur, lui vont à merveille : si un tailleur un peu plus original que les autres mettait sur le marché des vêtements infrarouges, je serais son premier client, au seul bénéfice de mon fils.

Même si ce n'est pas toujours facile de s'enfermer avec lui dans une cabine pour procéder à l'essayage, j'aime assez, je l'avoue, offrir des vêtements à Robinson — alors que m'en acheter est une corvée. En revanche, à la maison, je n'éprouve aucun plaisir à lui enfiler ses habits le matin, ou à d'autres moments de la journée, par exemple quand il faut changer ce que j'appelle son «lange» et que d'aucuns, ailleurs, nomment des «couches-culottes». Je ne sais pas pourquoi : cela pourrait être un moment privilégié entre nous, un moment où je suis tout à lui, où je le dorlote. Au lieu de cela, je ressens une espèce de fatigue ou d'agacement aux origines mystérieuses. Pourquoi ai-je ainsi l'impression de perdre mon temps ?

Je conduis Robinson jusqu'à la table à langer. Je rentre le ventre (pour ne pas me faire mal au dos) et le soulève en le prenant par les aisselles. Il est très rare qu'il m'aide dans cette tâche, même si je le lui demande. Il n'est pas capable de déboutonner sa chemise — en tout cas, il n'a jamais essayé — ni d'enlever sous-pull, chandail ou tee-shirt. Toutefois, lorsqu'une de ces couches est à moitié enlevée, il lui arrive de finir le travail. Il en va ainsi également dans l'autre sens : une fois le chandail autour du cou, il en cherche les manches, spontanément, comme tous les petits enfants. Mais il ne fera pas lui-même toute l'opération. Je ne l'imagine pas mettre ses chaussures et ses chaussettes. Il est étranger à la honte que j'ai éprouvée, à sept ans, quand je me suis aperçu que mes condisciples savaient attacher leurs lacets et pas moi. Robinson lève le pied pour que je puisse lui enfiler une jambe, mais ne s'empare pas lui-même du pantalon. La ceinture, dans un sens comme dans l'autre, est de mon seul ressort.

Pourquoi ces séances me sont-elles aussi pénibles ? Est-ce parce qu'elles sont décourageantes ? Qu'elles traduisent la stagnation de mon fils ? Son absence de progrès ? Peut-être. Je sens cependant que d'autres raisons, plus égocentriques, plus liées à moi-même, expliquent mon léger mal-être.

L'eau a coulé, chaude *ma non troppo*, oscillant parfaitement entre le chaud et le tiède. Une fois déshabillé, Robinson grimpe dans la baignoire, souriant comme un jour de fête et sa joie sort de lui et glisse sur un fil au bout duquel je me trouve et où elle se transforme en un bien-être délicat et serein, confiant, sans histoires : le bain, la baignade. Avant de laisser mon fils jouer un peu dans l'eau, je m'empare d'un gant de toilette et d'un savon. Je commence d'abord par le bas et je lance, comme d'habitude : « Le petit pied », pour qu'il en soulève un, puis : « L'autre petit pied. » À la fin, j'arriverai à « La petite main » et à « L'autre petite main ». Le reste du corps n'est pas nommé. Sans doute parce que ses recoins ne nécessitent aucun geste de sa part, aucun acquiescement. Tel est mon rituel, d'ordinaire spontané, impensé. Aujourd'hui, soudain, j'entends mes propres paroles, comme si elles émanaient d'une autre bouche que la mienne. Et je m'interroge. Pourquoi « petite » main ? Pourquoi « petit » pied ? Je remarque aussi que j'ai quelque peu adouci ma voix — j'ai envie d'écrire que j'ai forcé ma voix à la douceur, bien que cela paraisse contradictoire. Comme si je jouais, que je rejouais un rôle très anciennement devant moi interprété par autrui.

Qui se cache derrière le mot « autrui » ? Poser la question, c'est y répondre.

Aucune image claire ne me revient à l'esprit : cela remonte trop loin dans ma propre préhistoire, mais c'est, bien entendu, la voix de ma mère que je singe ainsi depuis des années, chaque fois que Robinson prend un bain — d'ailleurs peut-être n'est-ce pas ma mère me lavant que je rejoue, mais lavant Coralie, la plus jeune de mes sœurs, je n'en sais rien.

Suis-je le père de Robinson ou une seconde mère ? Serait-ce mon identité masculine qui, dans un monde où les soins des enfants, en tout cas des petits enfants, demeurent, quoi qu'on en dise, toujours scandaleusement attribués aux femmes, me met vaguement mal à l'aise quand je change les vêtements de mon fils ?

Mais pourquoi alors ne suis-je pas gagné par le même ressentiment en lui faisant prendre son bain comme un gros bébé ? Mon amour immémorial de l'élément liquide m'y aiderait-il ? L'eau chaude, pacifique, somnifère et sensuelle, primordiale et ludique, calme, archaïque, impériale m'a en effet toujours paru une alliée.

Et la merde ?

Pourquoi ne suis-je gagné par aucun trouble de ce genre quand j'éponge ses fèces ? Auraient-ils tort celles et ceux qui pensent que le mariage de l'amour et de la merde est maternel — les hommes se contentant de limiter la scatologie au domaine sacré de la franche rigolade ?

Au cœur du drame

Elles n'auront rien de vide, les courtes vacances qui commencent aujourd'hui. Je m'apprête à passer six jours avec Robinson, seul, ou presque, c'est-à-dire en l'absence d'Hélène, ma femme, mais aussi d'Hadrien et de Zoé, mes autres enfants. Je partagerai notre grande maison avec les filles d'Hélène, Louise et Camille, qui restent le plus souvent à bonne distance de Robinson — on peut les comprendre. Ensuite, le lendemain de mon dernier jour de garde robinsonienne, j'irai donner, dans le grand pays voisin du nôtre (du petit nôtre), à l'université, auprès d'un professeur qui m'intimide et que j'admire, une conférence au sujet de Roland Barthes et du roman contemporain. Bigre ! Quelle mouche m'a piqué ? Moi, pauvre ratiocineur sans légitimité, habitant d'une petite contrée absurde et fragile, accepter de donner une conférence sur le grand Barthes dans le grand pays de Barthes, dans ce pays appelé la France où l'on parle mieux que je ne l'ai jamais fait, et avec un accent plus convenable, ma propre langue française ! Et, j'ai beau tourner le problème dans tous les sens, je ne vois pas d'échappatoire : il va me falloir préparer mon propos tout en m'occupant de Robinson.

Heureusement, j'ai tout de même une vague idée à exprimer, disons une intuition, qui me permet d'écrire assez rapidement, dès le premier jour, un texte de départ, flou et impressionniste, qui me servira de canevas. Il est question de Barthes face aux romanciers de son temps, Albert Camus puis Alain Robbe-Grillet, Philippe Sollers puis Hervé Guibert. Pareille affiche est sympathique — chacun en conviendra de bonne grâce —, mais ne fait pas pour autant une conférence. Le travail qui m'attend consiste à transformer cette rêverie subjective non pas en certitude objective, mais en hypothèse universitairement défendable, si je puis dire, appuyée par des preuves, des citations de Roland Barthes et de ses nombreux exégètes : il me faut donc commenter les commentateurs d'un auteur ayant lui-même commenté les écrivains. Où cela s'arrêtera-t-il ?

Durant cinq jours, mon quotidien est écartelé entre Barthes, que je lis et relis, et Robinson, que je suis et resuis, du regard et à la trace, Robinson et Roland, Barthes et Binson, Rolinson et Robin Barthes, Robarthes et Barthinson. Le temps passe dans une tension croissante, et nous voilà à la veille de ma conférence. Comme toujours quand je suis occupé, mon fils se montre très actif. Agit-il alors mû par d'obscures nécessités intérieures que je ne contrarie plus assez ou cherche-t-il à capter mon attention par tous les moyens ? Je n'ai pas le temps de réfléchir à cette question : voilà qu'en un tournemain il vide le contenu de son armoire à vêtements. Le *lisible* a beau s'opposer, chez Sollers, selon Barthes, au *scriptible*, plus rien n'est *lisible* ni *scriptible*, je dépose mon livre pour ranger chemises et pantalons et pour faire une inutile remontrance à Robinson, dont le sourire hilare ne m'aide pas à mimer la colère. Une fois l'armoire rangée, je retourne à «prendre de vitesse le langage acquis, lui substituer un langage inné, antérieur à toute conscience», retrouvant d'instinct l'endroit où j'en étais dans ma page, me refaufilant dans l'esprit d'un homme pourtant mort depuis plus de trente ans. Comme tout un chacun, j'ai l'avantage, sur Barthes, de savoir que Sollers allait bientôt quitter son avant-poste d'avant-gardiste radical, mais, même là où le futur l'a contredit, Barthes est spirituel et sensible. Cependant, la force de sa pensée sur la mienne ne m'empêche pas de voir qu'à nouveau tous les vêtements de Robinson, dont le langage inné m'a pris de vitesse, sont éparpillés aux quatre coins de la chambre. L'un d'eux a trouvé le moyen de s'agripper au lustre et, au contact d'une ancienne ampoule, le tissu chauffe déjà dangereusement.

Le temps est venu de prendre les mesures qui s'imposent ! D'abord, parce que je n'ai pas une seconde à perdre, j'enfile sur mes oreilles mon iPod-lecteur-MP3 afin d'écouter le cours de

Barthes au Collège de France intitulé *Préparation du roman*, qui, pour mon sujet, m'intéresse encore plus vivement que ses écrits sur Sollers. Ensuite, je dévisse les ampoules au cas où une chemise se remettrait à voler et j'enferme Robinson dans sa chambre — seul lieu de la maison qui est robinso-sécurisé : prises de courant bouchées, ciseaux, couteaux, rasoirs, objets contondants écartés au loin, etc. Certes, cette chambre est sise au troisième étage, ce qui pourrait constituer un danger mortel, mais, d'une part, la fenêtre est assez haute et, d'autre part, elle est dotée d'une poignée fermant à clé.

Je descends dans la cave et remonte assez vite muni de quelques outils, vrille, tournevis, vis, et d'un petit verrou. Cette fois-ci Robinson paraît calmé : il joue avec un ancien tuyau d'aspirateur qu'il tapote sur différentes parois, à la fois attentif au mouvement ondulant de l'objet et aux variations sonores que provoque son contact avec les murs ou les portes. Je nous enferme tous les deux et, tout en écoutant Barthes me confier que, à ses yeux, dans la *Recherche du temps perdu*, la scène de la grand-mère mourante, coiffée par Françoise (la domestique), est une des plus bouleversantes, je me mets à visser un verrou sur l'armoire à vêtements de mon fils.

Coups de tuyau d'aspirateur sur les murs, vrille et vis, Proust et Barthes : je songe à ma mère, qui, elle aussi, adorait cette scène. Elle m'avait d'ailleurs écrit une lettre à ce sujet, reproduisant à la main le passage en question. À sa mort, il y a quatre ans, j'ai encadré cette lettre, qui se présente à mon regard chaque jour, dans l'intimité de mon bureau.

Le bois du meuble est tendre : je n'ai aucune difficulté à y visser les charnières du verrou et j'ai envie d'embrasser Barthes et j'ai envie d'embrasser ma mère, à cause de cette coïncidence : dans les milliers de pages que compte la *Recherche*, ils ont élu le même passage, tous les deux. J'ai eu de la chance d'avoir ma mère pour mère, songé-je en enfonçant la troisième vis, en écoutant Roland Barthes donner un cours, à Paris, le 10 mars 1979, en jetant un œil à Robinson qui soudain ne bouge plus, saisi lui aussi par une pensée profonde. Sans soulever mon lecteur MP3 de mes oreilles, je m'approche de mon fils et serre ma tête contre la sienne. Il me repousse très doucement en me regardant droit dans les yeux.

Mon petit bricolage de père est presque terminé, mais, comme je préfère (je suppose que lui-même comprendra cette préférence) Proust à Sollers, plutôt que de reprendre mon livre, je laisse parler Roland Barthes, le 10 mars 1979, au creux de mon oreille.

Je regagne ensuite ma chambre à la recherche d'un bout de papier et d'un crayon pour noter un propos que Roland Barthes vient de tenir — que je citerai peut-être demain lors de ma conférence dans son pays natal. Tout en laissant le sémiologue poursuivre son brillant exposé, je consigne un extrait de sa pensée, quelques mots que je ne comprendrai plus dans trois mois si je retombe sur ma fiche, mais qui, pour le moment, me paraissent éclairants.

C'est alors que se fait entendre un grand bruit. Robinson, sans doute mécontent du verrou apposé sur son meuble, à dix ans on est déjà costaud, a tout simplement renversé celui-ci cul par-dessus tête, les quatre pieds en l'air.

Depuis lors, ma méthode éducative a évolué : je ne punis plus jamais Robinson de ses robinsonnades. J'essaie certes de réfréner ses pulsions, mais s'il parvient à son but, tant pis, j'ai perdu et je me montre beau joueur. Parfois, je me fâche tout de même, mais rarement et sans le vouloir, par pure exaspération. À l'époque où prend place ce récit, je me sens encore tenu de gronder, de châtier, d'avoir le dernier mot — par souci éducatif. J'y ai renoncé car chacune de mes remontrances entraînait une escalade : Robinson a peur quand je me fâche, mais il aime avoir peur et, si je hausse la voix, il répète aussitôt le geste qui a provoqué ma colère, comme en un jeu infernal. Les punitions lui semblent injustifiées : elles sont dues au pouvoir de ce géant indéniablement plus fort que lui. Mais pourquoi peut-on tripoter un vieux lacet et non un fil électrique ? Caprice de père. J'ai donc renoncé à toute forme de sanction. Malheureusement, ce jour-là, je crois encore à la nécessité de la réaction. Et si mon état d'esprit présent me pousserait plutôt à la clémence, je m'efforce de crier un peu, couvrant Roland Barthes dans mes propres oreilles et, devant la gravité des faits (renverser une armoire, tout de même!), j'opte pour une peine des plus sévères : j'enferme Robinson dans un petit espace d'un mètre carré, obscur, situé entre la porte de la salle de bain et celle de sa chambre.

Comme ces péripéties m'ont distrait du Collège de France, je cherche ensuite à revenir quelques minutes en arrière dans le cours de Roland Barthes. Ce n'est pas facile avec les touches hypersensibles de mon iPod (la manœuvre était plus aisée avec les vieilles cassettes audio de mon enfance) : une fois sur deux, j'appuie trop fort et, au lieu de remonter le temps de quelques secondes, je me trouve au début de la leçon. C'est ce qui m'arrive, d'ailleurs, sans doute parce que je suis encore énervé par mes propres cris. Peu importe : une si belle leçon supporte les redites, *Bis repetita placent*. Je redresse ensuite le meuble renversé et je réfléchis à une solution pour attacher ses pieds au mur, tout en entendant Roland Barthes reprendre son propos à zéro. Il doit bien y avoir un moyen.

L'oreille gauche suffit pour les redites : je retire de la droite un de mes deux petits écouteurs. Aussitôt, un détail m'alarme : d'habitude, Robinson tempête quand je l'enferme dans cet espace étroit. Il frappe la porte et gémit tellement que je ne tiens guère le coup plus de quarante-cinq secondes : il bénéficie alors très vite de l'amnistie paternelle et est libéré. Cette fois, rien. Silence. Aucun bruit ne se superpose à la voix de Roland Barthes. Ni choc ni gémissement.

Comment est-ce possible ? Mon petit garçon

aurait-il trouvé la parade à ma punition la plus spartiate ? Un antidote au poison du pouvoir parental ? Aurait-il soudain pris goût à l'obscurité ?

J'ouvre la porte de sa petite prison.

Roland Barthes savait qu'il était enregistré par ses étudiants. Les enregistreurs, en 1979, n'étaient pas discrets et le professeur commentait leur présence chaque fois que celle-ci produisait de désagréables résonances dans son micro. Mais il ne se doutait probablement pas que ces enregistrements seraient un jour commercialisés. Il ne pouvait pas savoir que sa voix serait gravée sur des CD MP3 — cela n'existait pas encore —, ni qu'elle serait transférée sur des iPod très petits et très légers, presque aussi légers que sa voix même, à tel point qu'il devient possible de le porter sur soi, tout en bricolant ou tout en grondant son enfant. Peut-être a-t-il imaginé tout de même cette future commercialisation, qui sait ? En tout cas, il n'a pas, en parlant le 10 mars 1979, pu penser à moi qui l'écoute le 10 avril 2012, qui ouvre la porte derrière laquelle est enfermé depuis moins d'une minute un enfant oui-autiste et qui y découvre une scène qu'aujourd'hui encore il m'est difficile de qualifier. Il faudrait un adjectif à la fois visuel et olfactif, exclamatif et dépité, traduisant l'amour et le désespoir.

Robinson s'est déculotté ; son pantalon et son lange sont à terre. Il rit en me voyant et me regarde de ses yeux bleus, à la fois hilare, ivre et triomphant. Par terre, sur le petit tapis qui recouvre ce coin de sol, sur les murs, sur la porte blanche, sur ses vêtements, dans ses couches-culottes et son pantalon, dans l'air via l'odeur et surtout sur ses mains et sur son visage : de la merde. Brun foncé, présentant une belle densité, collante, comme du mastic, comme de l'argile sur laquelle il aurait plu, mais très peu, une ondée d'été.

Robinson tend les bras vers moi, ce qu'il fait rarement, pour que je le prenne dans les miens. Il est heureux. L'artiste au nom oublié qui a peint les grottes de Lascaux, Rembrandt quand il a achevé son plus bel autoportrait, Picasso produisant *Les Demoiselles d'Avignon* et les Peaux-Rouges en se couvrant de peinture de guerre n'ont pas éprouvé satisfaction artistique aussi profonde, jubilation aussi primitive, exaltation aussi totale que mon Robinson en montrant à son père son chef-d'œuvre : son visage couvert de cette épaisse pâte odorante et la perspective audacieuse qui lui a fait projeter sur les parois autour de lui, dans la semi-obscurité, et au gré d'une inspiration immédiate, violente, pressante, la réplique de son portrait.

Devant ce tableau à la fois horrible et magnifique, quel mot puis-je prononcer ? Cela fait peut-être trente ans que je n'ai plus eu recours à cette exclamation-là, absolue et régressive elle aussi, traduisant l'impuissance, le désarroi, lancée à la fois comme un appel à l'aide désespéré et comme un cri d'amour universel. En découvrant mon fils plein de merde, je hurle : «Maman!»

Robinson me regarde en riant. Est-il en train de me défier? De me provoquer, comme lorsqu'il transgresse un interdit — ou plutôt qu'il pose un acte en sachant que son père, le grand non-autiste qui vit auprès de lui, s'y oppose —, ce qui n'est pas pareil? Joue-t-il à se faire peur? Ou s'agit-il d'une pure jouissance dont, tout oui-autiste qu'il est, il veut me communiquer la puissance et l'intensité?

«Tu vas prendre un bain!» m'écrié-je alors avec un bel enthousiasme. J'ouvre la porte de la salle de bain, tout en imprimant sur l'épaule de mon fils une pression douce et ferme, signe qu'il comprend d'ordinaire et qui signifie «On va par là».

Mais il n'obtempère nullement. Il demeure immobile, si ce n'est qu'il est secoué par un rire gigantesque, plus grand que lui et moi. Comme je l'empoigne plus virilement pour le pousser dans la baignoire, il se met à rire de plus belle — couvrant la voix de Barthes dans mes oreilles —, et son corps semble soudain incroyablement mou, presque liquide — comme si le rire des enfants avait la faculté, pendant le temps de leur émission, d'annuler les os. Robinson, en se laissant glisser sur le sol, devient pareil à un sac de vêtements, lourds et humides, en plomb fondu, une armure devenue fluide — comme si les os ne s'étaient pas retirés de lui à la faveur du rire gargantuesque qui le secoue, mais s'étaient concentrés dans une seule de leurs caractéristiques : leur poids. À tel point qu'en tâchant de le maintenir debout, c'est-à-dire en le tirant par le bras, je ressens un lancement violent dans le bas du dos, annonciateur d'un de ces tours de reins qui compliquent mon quotidien avec lui. Il me faut une sorte de sursaut d'énergie, comme un nageur à contre-courant, «Allez Robinson, au bain!», pour vaincre l'obstacle et mettre mon fils dans la baignoire.

Avec célérité, j'ôte un à un tous ses vêtements. Ses mains, en s'appuyant sur les carreaux de faïence blancs, y déposent un peu de matière brune. J'éprouve un sentiment de découragement passager en voyant que ma chemise, verte, avec un motif floral terre de Sienne, inévitablement, est souillée, elle aussi. Mais toute ma colère m'a brutalement quitté comme disparaît au loin un typhon qui a ravagé un champ de blé. Quant à Roland Barthes, il affiche, maintenant comme en 1979, un calme imperturbable et, dans le lointain, je l'entends évoquer le «scandale humain» : que l'amour et la mort existent en même temps... Les vêtements enlevés forment à présent un tas malodorant et je commence à doucher mon fils. La merde, qui présente une consistance de glaise, résiste de toutes ses forces à la puissance du jet.

J'ôte ma propre chemise tout en tenant toujours d'une main Robinson qui s'esclaffe encore et encore et qui semble vouloir me glisser entre les pattes, de sorte que je m'emberlificote dans les fils : mon lecteur MP3 tombe à terre, rebondissant sur la faïence de la baignoire et atterrissant dans le courant d'eau qui se forme aux pieds de mon fils. Roland Barthes interrompt *illico* son cours, comme si, vraiment, là, son auditoire du futur avait dépassé les bornes. Je repêche mon iPod, poisson noyé, sans doute irrémédiablement détérioré, et le lance sur un tas de serviettes. Je m'empare dans la foulée d'un gant de toilette afin de frotter le visage de Robinson, qui cesse de rire aussitôt. En grattant, d'une main, les traces fécales des joues de mon fils et en manipulant, de l'autre, le pommeau de la douche, je songe qu'elle est là, ma vie, le cœur de ma vie ne consistant pas à donner des conférences, à enseigner, à écrire ou à aimer une femme et des enfants — mais à m'occuper du petit oui-autiste à mon image, là, au présent, dans la merde jusqu'au cou, seul, abandonné des dieux qui n'existent pas et de mes parents qui n'existent plus. Je me sens alors gagné par une grande vague d'amour brut — brut comme la merde est brute — qui ne fait pas de moi un père — peu importe — mais qui m'attache viscéralement à mon fils.

Je le savonne, le resavonne, le douche et le redouche jusqu'à ce que le filet d'eau à ses pieds devienne aussi clair qu'une source thermale. Après quoi, je mets la bonde et je laisse la baignoire se remplir afin que Robinson joue un moment dans son bain et qu'il s'y calme pendant que je tourne mon attention vers les autres fronts, car mon combat contre l'invasion de la merde ne fait que commencer.

D'abord, je rince abondamment les vêtements dans l'évier pour les débarrasser des mottes bréneuses — les taches chocolat qui subsistent seront traitées ultérieurement en machine. Ensuite, je prends contre les odeurs la mesure qui s'impose : j'ouvre grand la fenêtre de la chambre de Robinson. Troisièmement, j'entreprends, avec courage et détermination, le nettoyage de l'alcôve obscure que mon petit artiste oui-autiste a décorée à sa façon. J'ai recours, pour accomplir cette tâche ingrate, à des lingettes jetables, parfumées et humides, qui servent d'ordinaire à torcher mon fils et à lui rafraîchir la peau au sortir de son lange. Malgré mes convictions écologistes, je ne lésine pas sur la quantité et me débarrasse de ces petits torchons postmodernes, au fur et à mesure de leur usage, en les fourrant dans un vulgaire sac en plastique. Tout en procédant à cette opération délicate, je m'efforce de maintenir Robinson dans mon champ de vision : il n'est pas question qu'il en profite pour éclabousser toute la salle de bain, comme il aime à le faire. Heureusement, il reste calme : il lui faut peut-être récupérer de sa crise d'hilarité créative.

Les murs et les portes retrouvent peu à peu leur couleur d'origine. Mais le petit tapis ? Qu'est-ce que je vais faire de ce maudit tapis ? Tant pis, je décide de le jeter dans mon sac-poubelle.

Les mottes excrémentielles les plus massives ont à présent disparu — cette première partie de la campagne de propreté a été rondement menée — de quoi te plains-tu ? La matière alvine est plus spectaculaire que dangereuse, finalement ! Cependant, Robinson grelotte, immobile dans son bain. Je m'empresse de refermer la fenêtre — tant pis pour les effluves malodorants. Et je m'empare d'une serviette de bain pour sécher mon fils adoré. Une fois qu'il est rhabillé, je l'enferme dans sa chambre pour écarter de nous au plus vite le tas de vêtements mouillés et souillés et surtout le sac pestilentiel contenant la merde récoltée au sol et sur les murs ainsi que les lingettes naguère plus aseptiquement parfumées qui m'ont secondé dans la tâche. Inutile de tenter Robinson : l'envie pourrait le prendre de jouer avec cette poubelle au contenu intrigant.

Je descends d'abord celle-ci, rapidement mais sans faire de bruit, espérant ne pas croiser mes belles-filles, et la jette dans le grand bac à ordures situé dehors, dans la cour, à l'arrière de la maison. J'y enfourne également le petit tapis compromis. Puis je remonte quatre à quatre les escaliers. Le mouvement même de mon corps à l'assaut des marches me donne une espèce d'énergie. Avouons-le : je me trouve héroïque. N'ai-je pas réussi à surmonter une terrible épreuve, seul et sans aide ? À peine ai-je perdu dans la bataille un lecteur MP3 ! Et, à tout casser, une demi-heure de travail. Dans dix minutes, je retrouve le *Sollers* de Roland Barthes.

Je m'empare du tas de vêtements trempés, ouvre la porte de la lingerie... Hélas ! la machine tourne déjà — Camille, une de mes deux belles-filles, vient de lancer le programme «Blanc à 60 degrés». Cette fois, de façon très prosaïque, mais avec un esprit d'à-propos dont je peux me flatter, je hurle : «Et merde!» Avisant une manne à linge vide, j'y jette les vêtements souillés et humides.

C'est alors que, par la fenêtre de la lingerie, je vois un objet bleu tombant du ciel, avec la vitesse due, celle de la pesanteur, suivi par un autre objet, dans les rouges, qui emprunte le même chemin, avec la même accélération continue de 9,81 mètres par seconde au carré, à vue de nez.

Je remonte aussitôt, ouvre la porte de la chambre de Robinson. Heureusement — je le répète pour me rassurer — sa fenêtre est haute et un garde-corps la jouxte, de sorte que l'enfant n'est pas en danger. Mais ses jouets, si. J'avais mal fermé la fenêtre, oubliant d'apporter, à la serrure que j'y ai installée, le petit tour de clé nécessaire. Et, placidement, méthodiquement, Robinson en a profité pour jeter par-dessus bord, du haut du troisième étage, des petites autos en plastique dur qui vont rebondir, en y imprimant de très caractéristiques encoignures, sur le toit de la voiture de mon voisin, malheureusement garée juste devant chez moi.

Durant le trajet en train, le lendemain, je relis avec attention le texte de ma conférence. À mi-parcours, je décide d'en changer la structure. Totalement. Ma nouvelle version est terminée lorsque le train entre dans la gare étrangère —

ville sise au nord, ville pas plus grande que celle que j'habite, mais qui m'impressionne du simple fait d'appartenir au grand pays au sud du mien.

J'arrive le premier au restaurant dans lequel nous avons rendez-vous, un bel endroit décoré de fleurs blanches, des camélias je crois, qui dispensent une douce lumière dans la pénombre. La porte s'ouvre pour laisser entrer le professeur que j'admire, encore plus preste et distingué que dans mon souvenir. Arrive ensuite la conférencière qui doit présenter la première communication. Elle est jeune, jolie, souriante et française.

Soudain, j'ai tout oublié : comment il faut se tenir à table, quel est le prénom de Barthes, quel est le terme français qui désigne le «dîner» (c'est-à-dire le repas de midi), si l'entrée précède le dessert, si j'aime le cabillaud en papillote et en quelle langue il est possible de tenir le moindre propos sensé au sujet de la littérature contemporaine. De lourds rideaux noirs, somptueux et raffinés, ornent les murs du restaurant. Le professeur est de plus en plus spirituel et la conférencière, assise à côté de moi et en face de lui, ne paraît même pas s'en rendre compte, qui lui répond avec aisance, comme si elle était chez elle — mais il est vrai qu'elle est bel et bien chez elle. Dehors, il se met à pleuvoir et, après le repas, nous prenons le métro.

La salle de conférences est une simple classe, qui n'a rien d'intimidant, même si elle est bien remplie. Le professeur a la délicatesse, en me présentant, d'évoquer non seulement mon travail universitaire, qui justifie ma présence en ces lieux, mais aussi le recueil de poèmes que j'ai publié l'année dernière. Tout va bien : rien ne justifie mon angoisse.

Après une introduction réalisée avec brio par le professeur, la conférencière s'impose de la parole et de la pensée. Son propos, qui concerne l'influence de Georges Bataille sur la littérature actuelle, est clair et intelligent : c'est une vraie conférence. On lui pose ensuite plusieurs questions, qui suscitent un court débat.

Vient mon tour. Parce que je suis alors désigné par le maître des lieux comme celui qui va parler, chacun se dispose à m'écouter, chacun se tait. Et cela me semble incroyable qu'autant de gens, qui ne m'ont jamais vu, acceptent si gentiment de me donner un moment de leur vie, de tendre leurs oreilles à ma voix et leur esprit à mes élucubrations.

Devant moi sont disposées mes feuilles, celles que j'ai dactylographiées à la maison, celles que j'ai écrites à la main dans le train. Je ne les regarde pas. Ai-je une pensée pour le sourire hilare de Robinson ? Pour ses yeux brillants dont la lumière contraste avec le teint mat de ses joues couvertes de merde ? Je me prends à sourire et à citer le cours de Roland Barthes, précisément le cours du 10 mars 1979, que j'évoque librement, comme si je le connaissais par cœur, comme si, la veille, Roland Barthes, revenu du pays des morts, l'avait redonné rien que pour moi : la grand-mère de Marcel dont Françoise, la domestique, peigne une dernière fois les cheveux. La suite de ma conférence découle naturellement de ce point de départ improvisé. Je prends alors le risque de m'adresser au public : vous allez à présent deviner le nom du premier écrivain contemporain auquel s'intéresse Roland Barthes, vous le connaissez tous et toutes. Mes auditeurs sourient et se prennent au jeu : il est amusant, ce conférencier à l'accent belge, cet universitaire jouant aux devinettes. J'énumère lentement quelques indices, naissance en 1913, mort prématurée en 1960, premier roman, un chef-d'œuvre publié en 1942... Au mot «Algérie», une dame s'exclame avec joie : «Albert Camus!» Je poursuis, porté par une allégresse irrésistible, passe par Robbe-Grillet — dont une autre personne devine également le nom, assez vite —, puis par Sollers — facile de faire rire quand il est question de Sollers, on peut le lui reconnaître —, pour arriver, c'est plus difficile mais essayez tout de même, à Hervé Guibert, oui, c'est bien lui.

Mon propos achevé, je lis à voix haute, en guise d'illustration, un extrait de *La Chambre claire*, précisément le merveilleux passage dit de la «photographie du jardin d'hiver» : Barthes y décrit une photo de sa mère enfant, grâce à laquelle il a le sentiment de retrouver cette femme qu'il a tant aimée, reconnaissant sa bonté, sa douceur, sa timidité. Ma voix s'altère : à la mère de Roland Barthes se superpose ma propre mère, que j'ai appelée la veille au secours, nos deux mères mortes, à Roland Barthes et à moi, dans nos deux vies, la sienne qui n'est plus, la mienne qui a lieu maintenant, dans un seul texte, le texte qu'il a écrit et que ma voix est en train de s'approprier. Je dois ralentir ma lecture pour ne pas éclater en sanglots.

Le texte achevé, je me tais un long moment, considérant mon auditoire dans ce silence particulier qui suit la parole authentique : il m'apparaît clairement que je ne suis pas le seul à être bouleversé.

Après quoi, comme je l'ai annoncé, je m'apprête à lire le texte liminaire de *L'Image fantôme*. Pauvre Guibert : suivre Roland Barthes, ce n'est pas un cadeau. Mais, après une ou deux phrases, Hervé ayant pris sa mère en photo, alors qu'«elle était à ce moment-là au summum de sa beauté, le visage totalement détendu et lisse» avec «sur les lèvres un sourire imperceptible, indéfinissable, de paix, de bonheur, comme si la lumière la baignait, comme si ce tourbillon lent autour d'elle, à distance, était la plus douce des caresses», une nouvelle émotion, plus dure, mais tout aussi poignante, sourd du texte, me traverse et se répand dans la pièce.

Tandis que l'on nous applaudit chaleureusement, Barthes, Guibert et moi, je m'aperçois que mon temps de parole est dépassé depuis longtemps. Personne ne m'a interrompu, ni le professeur ni les étudiants. Par la fenêtre, il a cessé de pleuvoir. Je sais d'où je viens. Je sais quelle activité primordiale m'occupait la veille. Ma vie est double désormais : un fleuve majestueux et merdique la divise en deux territoires distincts. Mais, entre ses rives, il existe d'inexplicables vases communicants : du rire belge aux sanglots étouffés, jamais je n'avais offert au public pareille conférence. Dommage : je ne peux en féliciter Robinson.

Au jour le jour, I (secrètes injonctions)

Arracher une à une les pages d'un livre. Renverser son assiette encore pleine alors qu'on a encore faim, étaler aussitôt la mayonnaise, dont on raffole, sur la table. Lancer une fraise à moitié mordue dans la sauce hollandaise qui agrémente le poisson et dont quelques gouttes s'envolent aussitôt vers sa sœur par alliance, vêtue d'une blouse achetée le matin même en solde. Vider par terre le plat de carottes râpées à peine râpées. Faire voltiger les clés récoltées aux portes, les jouets durs ou mous, les revues, les pots de yaourt remplis, les couverts, le téléphone fixe, le décodeur de la télévision familiale, la télécommande, l'ordinateur de son père, la tomate à moitié croquée. Déchirer les posters. Recracher le contenu de son verre, éclabousser toute la salle de bain. Jeter ses jouets par la fenêtre. Faire tomber les chaises, le vélo d'appartement, la petite table, son meuble. Retirer prestement le serre-livres qui soutient de précieux volumes sur l'art antique ou renaissant. Arracher le papier peint de sa chambre. Décrocher du mur la bibliothèque qui y est fixée. Casser méthodiquement ses jouets. Enlever sa chaussure en pleine rue malgré le sol mouillé. Se coucher dans une flaque d'eau boueuse. Crier dans un lieu public. S'emparer des jouets des autres enfants. S'asseoir sur les genoux des jeunes filles inconnues, surtout si elles sont en tenue légère, au parc, en été. Piquer une frite dans l'assiette d'un gros monsieur, à la terrasse d'un café. Manger avec les mains. Se masturber devant toute la sainte famille. Faire tomber une rangée de vêtements dans un magasin. Vider le contenu du chariot à terre. Goûter une pomme à l'étalage. La remettre après l'avoir mordue. Tirer sur tous les fils, même électriques. Jeter sa chaussure sur le volant du conducteur devant vous, de préférence en pleine circulation. Lancer sa casquette dans le fleuve à défaut d'y sauter soi-même. S'agenouiller quand on traverse la rue. Se rouler par terre pour que son nouveau pantalon ne se distingue plus de ses vieilles fripes. Refuser de se brosser les dents, de s'habiller, de prendre des gouttes dans le nez quand il est bouché, de se coucher, de changer de pièce, de s'asseoir pendant les repas, de marcher un pas de plus, d'utiliser les pictogrammes adéquats, de parler, de se taire. Renverser le pot de gel capillaire (rose et collant) de son grand frère sur le lit de la chambre d'amis. Tordre les branches des nouvelles lunettes de son père. Boire l'eau du bain. Mordre dans le bouchon du flacon de parfum. Secouer le poignet de son oncle qui tient en main une tasse de café brûlant. Caresser du bout du pied un chien venant en face, dans la rue, sans se douter que, aux yeux du propriétaire du chien en question, cette caresse s'appelle un coup. Mais ne jamais frapper personne. Ni pincer, ni griffer, ni tirer les cheveux. Ni dire du mal de qui que ce soit.

Et si un vieux casse-pieds, toujours le même, ne vous empêchait pas de vivre pleinement votre vie : courir au milieu de la rue entre les voitures, y sauter de joie, grimper dans le premier bus venu, mettre en bouche les fils électriques, les rasoirs, les couteaux bien aiguisés, fourrer ses doigts dans les prises de courant, tout jeter par les fenêtres, déchirer chaque page de chaque livre de l'immense bibliothèque, briser les ordinateurs, se jeter dans l'étang et dans le fleuve.

À l'avenir

Pourquoi, malgré les mètres, les kilomètres et les lieues parcourus, malgré les accélérations du temps, malgré la fatigue de mes artères, dois-je à tout prix rester jeune ? Moi qui, enfant, faisais partie des chétifs, moi qui, préférant les cours aux récréations, craignais le moment où les camarades s'écriaient « On joue au foot ? », pourquoi est-ce que je me déplace partout à vélo, par monts et par vaux, bravant les collines qui entourent amoureusement la ville ? Pourquoi, moi, l'homme des livres, suis-je aussi l'homme des maillots, des muscles et des pédales ? Pourquoi suis-je obligé de répéter d'ennuyeux exercices de gymnastique hypopressive ? Pourquoi, en dépit de ma gourmandise, m'interdis-je tout embonpoint ? *Vade retro Chocolas !* Pourquoi est-ce que je limite ma consommation d'alcool à de rares lampées ? Ce n'est pas pour rivaliser avec mon fils aîné, mon grand Hadrien de vingt ans, qui escalade lui aussi avec souplesse et célérité les cordillères locales, non !

Nous sommes dans la plaine de jeux du parc et Robinson soudain délaisse l'«araignée» (dite aussi «la toile d'araignée», cette construction en corde qu'il s'agit d'escalader) et se met à courir en ligne droite vers la rue, la circulation automobile, le danger dont il n'a cure, la mort qu'il ignore. Il faut que je ferme mon livre, que, d'un bond, je me lève du banc, sans me soucier de l'étonnement de la mère assise à côté de moi et qu'en un minimum d'enjambées je rattrape mon fils.

Je suis dans la chambre, occupé à chercher une information au moyen de mon ordinateur portable. Robinson, à deux bons mètres de moi, observe consciencieusement la danse molle que fait un lacet qu'il triture d'une main très près de ses yeux. Il est aussi calme qu'un lézard immobile qui se réchauffe au soleil de Provence sur un rocher solitaire. Je me lève, fais deux pas, appelle mon aîné auquel je veux montrer une vidéo captée sur un site public. Robinson saisit l'aubaine. Il plonge littéralement vers mon ordinateur, comme un gardien de but vers le ballon lors de la séance de tirs au but en finale de la Coupe du monde. Je fais volte-face. Mon ordinateur rebondit par terre de façon bien moins souple que le ballon dont il vient d'être question. Je ne peux retenir un hurlement. La prochaine fois, il faudra que je sois le plus rapide.

Robinson à la boucherie soudain se tourne vers moi, gémit, tend les mains vers mes épaules. Il a dix ans et ne voit pas pourquoi je cesserais de le porter. Que sait-il de son poids et de ma force ? Si je n'obtempère pas, il va crier ou frapper sur la vitrine derrière laquelle s'étalent de plantureuses charcuteries. Je le prends donc, le portant d'un bras, dégageant mon portefeuille grâce à ma main demeurée libre avec le sentiment d'être Jean Valjean avançant à l'aveugle dans les égouts de Paris, tâtant d'une main les murailles gluantes et soutenant de l'autre Marius agonisant.

Pourquoi ne puis-je m'en aller à la fleur de l'âge ? Pourquoi m'est-il tout à fait interdit de mourir jeune comme mon père ? Pourquoi ai-je l'ambition de vivre très vieux comme mon grand-père ?

Robinson, pour s'endormir, a besoin que je lui prenne la main.

En pleine sieste

Le troisième étage de notre grande maison est occupé par deux chambres contiguës — celle de Robinson et celle que je partage avec Hélène —, par une salle de bain le plus souvent fermée à clé et, bien entendu, sur le palier, par le cabinet d'aisances, c'est-à-dire les latrines, les chiottes, les gogues ou le *djok*, centre historico-topographique de cette épopée contemporaine.

Après le repas de midi, je m'enferme volontiers avec Robinson dans sa chambre. Même si j'enfonce des boules Quies dans mes oreilles, je crois chaque fois qu'il va m'être impossible de m'offrir une petite sieste, tant Robinson est bruyant. Pourtant, la plupart du temps, je parviens à m'endormir et à sommeiller un bon quart d'heure. Ce petit somme est comme un miracle, un don inespéré du quotidien qui me rend la force nécessaire pour arpenter les longues plaines de l'après-midi aux côtés de mon fils.

Tout se passe comme si ma présence assoupie appartenait davantage à Robinson que les diverses activités qui m'écartent de lui : je suis là, calme, étendu silencieusement, et il ne ressent pas le besoin d'attirer mon attention. Peut-être même, en compagnie de mon corps immobile, éprouve-t-il une forme de temporaire apaisement. De mon côté, je trie instinctivement les sons produits par mon fils : s'il geint, s'il gémit, s'il pleurniche, je me réveille ou je n'arrive pas à m'endormir. Mais ses petits cris d'orfraie, de renard ou de télécopieur, je ne les entends guère — on dirait même qu'ils m'aident à m'enfoncer dans le sommeil.

En ville

Se promener avec Robinson. Parfois, le but n'est autre que de le calmer un peu, je l'avoue, voire de le fatiguer. Parfois, c'est le plaisir de la balade à deux, lui et moi, qui nous pousse dehors.

Il est arrivé que Robinson, en cours de route, se montre rétif. Il a alors recours à deux stratégies aussi simples qu'efficaces. La première consiste à refuser de me donner la main : il cherche alors sans cesse à se dégager de la mienne. Or, si je le laisse aller à sa guise, comme il n'a aucun sens des dangers de la circulation, Robinson est tout simplement menacé de mort : il peut se jeter sous les roues d'une voiture ou sauter à pieds joints dans le fleuve. La seconde stratégie de résistance passive le voit, sans prévenir, devenir mou, voire liquide, et se laisser tomber sur le sol — ce qui, au vu de son poids, se traduit toujours par une vibration assez violente remontant douloureusement de mon bras à mon épaule et de mon épaule au bas de mon dos.

Pour éviter ces marques de mauvaise volonté, j'ai moi-même quelques tours dans mon sac : courir est une solution — Robinson adore cela et la promenade commence alors sous les meilleurs auspices. Ensuite, j'ai pris l'habitude de lui donner un objet pour l'occuper et le distraire durant la marche. J'ai essayé plusieurs jouets, mais ceux-ci présentent pour la plupart le désavantage d'être durs et, comme Robinson aime tapoter les surfaces, ils peuvent devenir des espèces d'objets contondants sur les vitres de fenêtres des maisons ou la carrosserie des voitures. Pire, ils risquent, l'espace d'une subite inspiration irrépressible, de se transformer en projectiles, surtout si à un moment ou à un autre la promenade nous conduit dans un lieu surélevé, en surplomb par rapport à un autre. Ainsi une espèce de poignée en plastique vert foncé que Robinson aimait particulièrement a atterri dans l'entrée plongeante d'un parking souterrain — il était impossible d'aller la rechercher. Et une petite voiture, qui ne ressemblait pourtant en rien à un sous-marin, est tombée dans le fleuve gris et obstiné qui traverse la ville. J'ai finalement déniché le «jouet» qui convenait le mieux : une lanière noire assez longue qu'il aime entortiller sur elle-même. J'en loge une extrémité au creux de la main dans laquelle je serre également la sienne, de sorte qu'elle ne traîne pas par terre et qu'il ne risque pas de la perdre lorsque son intérêt pour elle vient, provisoirement, à s'estomper. Et si, au moment de partir, la lanière demeure introuvable, l'une de ces ficelles de plastique coloré qui sert à tresser des scoubidous fait très bien l'affaire. Grâce à ce dispositif, nous pouvons jouir ensemble du bonheur de la promenade en ville.

Je pourrais emmener mon fils à la campagne, me direz-vous, traverser avec lui forêts et verts pâturages. Mais alors, c'est moi qui m'ennuierais. En ville, mon attention est sans cesse requise par la présence des hommes et des femmes autour de nous, présence incroyablement mouvante, plurielle, surprenante pour peu qu'on y prenne garde — alors que la nature se joue dans une répétition à mon goût fastidieuse, même si je peux concevoir que d'autres en apprécient l'immortelle sérénité. Or, l'intérêt de la promenade avec Robinson réside non seulement dans l'intimité de notre marche commune, de nos mains imbriquées l'une dans l'autre, parfois de nos courses — lui au galop, moi au trot —, mais aussi dans le spectacle humain qui s'offre à moi, en la présence de mon fils, de façon étrangement inédite.

La ville est moins brutalement la ville lorsque je me promène avec Hélène, avec un ami ou avec un autre de mes enfants, peut-être parce que nous sommes alors d'abord et avant tout dans la parole, le cercle de l'échange des phrases : davantage dans les mots que dans les rues. Et la marche solitaire — ce que j'éprouve plus de difficulté à comprendre — me maintient tout autant à distance de la ville concrète.

Comme si, en compagnie de Robinson, je sortais un œil hors de mes pensées pour entrer plus avant dans la réalité du monde. Je remarque telle maison, devant laquelle je passe pourtant chaque jour, le bleu de ses volets qui se détache par plaques asymétriques, l'alternance savamment calculée sur sa façade des briques rouges et jaunes, des pierres de taille et des moellons. Cette dalle de béton qui manque sur le pont de l'autoroute que nous longeons en quittant notre quartier pour gagner le centre — sapristi, cela a dû causer des dégâts quand elle est tombée ! L'entrée de ce fast-food libanais trop sombre et peu accueillante, mais dont la vitrine est si joliment ornée d'une représentation picturale du Taj Mahal. Cette très ancienne publicité jadis peinte sur le mur aveugle d'une haute maison : on y devine un paquet de forme parallélépipédique portant un nom propre à la consonance germanique ou scandinave, Anderson ou Patterson, à moitié effacé — s'agit-il d'une marque de cigarettes oubliée ? Cette ferronnerie qui protège la vitre opaque de la porte d'entrée de cet immeuble a été peinte en vert, drôle de vert, vert tendant vers le jaune comme du chiendent au tout début du mois d'avril, si bien que les taches de rouille que j'aperçois me font très vite songer à la terre entre les brins d'herbe. Cette demeure du début du XXe siècle — ou de la fin du XIXe siècle — est assez modeste, coincée entre deux autres bâtisses plus grandes et plus hautes, sur le trottoir en face de celui que nous empruntons, et pourtant les pierres de taille qui entourent ses fenêtres arborent en leur sommet, en guise de clé de voûte, une belle volute finement sculptée. Ce détail généreux a-t-il fait l'objet d'une négociation entre les propriétaires et l'architecte ? D'un calcul quelconque ? À quoi les propriétaires ont-ils renoncé pour offrir à la rue cette marque de l'art ? Ou bien le cadeau vient-il de l'architecte qui signait ainsi ses maisons ? Ou encore d'un tailleur de pierre aux ambitions d'artiste ? Quand je me promène avec Robinson, une infinité de détails matériels ouvre en moi les pages d'une infinité de romans historiques, locaux, psychologiques, humains, et je passe de l'un de ces romans à l'autre — encore plus rapidement que Régis Jauffret dans ses *Microfictions*.

Et puis, surtout, les humains. Je suis happé, de façon brève et intense, par les visages, par les corps, par les destins que je croise. Cette vieille dame dans sa voiture qui accélère dans la montée sans se douter que je la regarde du trottoir et que je m'étonne du contraste entre sa conduite décidée et son visage de grand-mère fatiguée, attentive, posée. Sa coiffure semble dire : « J'ai accepté d'être une vieille femme, propre et sage, extérieure au tumulte de la vie, exclue du marché du désir. » Et sa façon virile de passer de la deuxième à la troisième vitesse en côte proteste : « Je suis toujours capable de mener ma barque, comme quand j'étais la mère d'une famille nombreuse et que je tenais mon ménage à la baguette, que j'étais institutrice et que le silence régnait dans ma classe, que j'étais commerçante et que les apprentis se taisaient dès que j'entrais dans le magasin, que j'étais la première femme médecin à diriger une équipe hospitalière de la région et que je devais me montrer ferme pour imposer mon autorité aux hommes de l'époque — peu habitués à obéir aux femmes. »

Une fois que Robinson et moi pénétrons dans le piétonnier du centre-ville, chaque visage, dans sa singularité fugitive, aspire mon regard, sans plus aucune hiérarchie, de façon particulièrement fulgurante quand je capte en outre une bribe de dialogue... Papa, si je gagne la Porsche 911 turbo, je te la donne. Elle a la dysenterie, figure-toi. Cela ne passe déjà plus au cinéma. Si, si, je t'assure que j'ai seize ans. Il faut que je retrouve une vie normale et que je me débarrasse de tous ces chiens... Une jeune fille, blonde et blanche, juste devant nous, dit à son amie, noire et noire : « Je te préfère en brune », en parlant de la couleur de ses ongles.

Cette étudiante au style gothique mange une glace avec une candide gourmandise. Cette passante aux cheveux bleutés — fausse bleue en training vert pâle — lève les yeux de son téléphone portable lorsque Robinson, en face d'elle, se met à crier. Elle lui sourit : elle s'extrait « des gens » pour devenir une personne au sourire unique, une personne, précise et distincte, qui n'a qu'une seule vie, qu'une seule série de secondes à passer sur terre... Cet homme plus large que grand, mal rasé, qui a dû voir au fil de son existence une bonne soixantaine de printemps et d'automnes se succéder de plus en plus vite, claudiquant dans de tristes baskets mal lacées, vêtu d'une affreuse tenue de sport défraîchie, dépassé par tous et toutes dans la foule indifférente, s'appuie d'un bras sur une béquille métallique et, au bout de l'autre, porte — pour l'offrir à quelle princesse? — un magnifique bouquet de jonquilles jaunes et blanches. Cette musulmane affairée et solitaire, marchant d'un bon pas, portant, dans chaque main, un sac rempli de victuailles; je crois d'abord qu'elle parle toute seule puis j'aperçois le système ingénieux, mariant la religion et la modernité, auquel elle a eu recours : elle a coincé son téléphone portable dans son voile. «Non, non, ce n'est pas lui, précise-t-elle, qui est parti au Mexique, mais sa sœur. Sa petite sœur.» Cet adolescent à la peau trop blanche, grand et maigre, n'a rien d'un Africain et pourtant il me fait étrangement songer à Patrice Lumumba, l'ancien Premier ministre congolais assassiné avec la bénédiction de mes compatriotes. Et cet homme de soixante ans, chauve, habillé de façon très classique, costume gris et cravate foncée, qui me rappelle-t-il? Je sais : le mari de la cousine de ma mère — il s'appelait Baudouin —, mort il y a tellement longtemps que j'avais oublié son existence passée, recouverte par d'autres morts : si j'avais dû établir la liste des êtres humains que j'ai connus, jamais je n'aurais songé à lui. Voilà qu'il ressurgit à travers la calvitie et l'allure de ce monsieur occupé à attendre le bus 21 ou le bus 22.

Au retour de la promenade, après avoir parcouru la partie plate de la rue Saint-Gilles, nous voyons celle-ci, devant nous, à la fois s'élever et se dédoubler, comme si nous remontions une rivière et que nous parvenions au confluent de deux affluents qui rivalisent de vitesse en dévalant la colline. Un homme, comme pour matérialiser cette métaphore, descend en courant, à droite. Tandis que, de l'autre côté, trois jeunes filles en survêtement, qui viennent d'une rue perpendiculaire invisible d'ici, traversent la chaussée au pas de gymnastique. Le contraste est frappant : les unes sont régulières et donnent une impression d'aisance, de calme, de santé. Elles courent vers une portion plate, à flanc de colline, et ne font que passer un instant dans mon champ de vision. L'homme, au contraire, se rapproche à grande vitesse. Son pas semble mal ajusté à son corps, arraché à ses jambes, le sol frappant ses pieds avec une violence qui se répercute dans ses genoux, ses hanches, ses épaules. Si je remontais la rue seul, sans doute l'aurais-je aussitôt oublié. Peut-être me serais-je rêvé un instant metteur en scène afin d'insérer cette image insolite dans l'arrière-plan d'un de mes films. Ou photographe. Robinson m'accompagne : du coup, la course de l'homme s'impose à nous et s'extrait de la double vue. Elle devient dramatique. Je ne me demande pas pourquoi cet inconnu court, mais je ressens ou crois ressentir la nécessité concrète de sa précipitation. Pour peu, j'aurais peur qu'il ne déboule sur nous, que sa foulée ne me pénètre l'esprit et que mon cerveau ne devienne les pavés du trottoir sous ses pas empressés.

Quand je me promène seul aussi, j'observe les passants. Ou plutôt, il faut bien l'avouer, les passantes. Non pas expressément avec les yeux du désir — si, sans doute, par moments, mais il s'agit alors d'un désir flou, mi-esthétique, mi-sexuel, apparemment plus esthétique que sexuel (méfions-nous cependant du refoulement), désir non de toucher, non de faire l'amour, désir très loin de sa manifestation organique — pur désir de voir — à la recherche de la beauté féminine partout où elle se loge jusque chez les femmes *a priori* les moins gracieuses, trouvant une satisfaction facile et pleine dans la simple constatation que la beauté féminine est toujours de ce monde et de cette ville — comme si, au fond de moi, gisait l'angoisse qu'elle disparaisse ou que je perde la faculté de l'apprécier.

En compagnie de Robinson, cette angoisse et cette curiosité s'apaisent — je ne regarde pas plus les femmes que les hommes, pas plus les jolies filles que les vieilles dames. Évacuant de ma perception du monde féminin la part obsédante qui revient à la beauté, je n'ai plus affaire qu'à cette succession folle de visages, de bouches, de nez, de regards, de mentons, de bras, de troncs, de jambes en mouvement, d'ordinaire tellement difficiles à concevoir, à enregistrer, à humainement ressentir comme pleinement humains, tout aussi humains que Robinson et moi, à tel point qu'il m'est impossible de prendre le recul nécessaire pour poser le moindre jugement esthétique ou moral. Je suis dans un courant d'humanité. Je partage le sort des animaux qui parlent — contrairement à Robinson —, qui ont droit à la vie, ni plus ni moins que Robinson, qui sont pris dans l'humanité de leur visage et de leur corps, sans avoir eu le choix, qui suscitent en moi une espèce de gigantesque compassion englobant mon fils, et qui sont tous et toutes condamnés à mourir. Personne n'est normal, me disait mon frère César quand nous étions adolescents. Je croyais qu'il avait tort, je cherchais des exemples pour le contredire : il avait raison. Durant notre promenade, tous ces visages les uns après les autres se succèdent à une cadence folle même quand nous marchons lentement. Aucun concept généralisant ne me permet de les définir : ce n'est pas une foule mais une addition de singularités ne parvenant jamais à une somme unifiante. Un visage puis un visage puis un visage puis un visage. Tous incroyables. Tous trop réels pour avoir été inventés. Et le mot «visage», en tant que nom commun, est imprécis dans cette description : il faudrait un nom propre pour chaque figure tant le langage, quand je marche avec Robinson, semble se diluer en moi.

Pendant tout ce temps, même si je m'adresse somme toute assez peu à Robinson, même s'il ne me regarde guère — à part lorsque, descendant vers le centre, nous courons en riant — et semble être plongé dans son univers intérieur, je me sens en symbiose avec lui, comme si la mutation de mon regard n'était pas due qu'à la situation particulière (me promener avec mon petit garçon oui-autiste), mais était liée à notre relation — comme si mon regard était influencé par le sien, comme si, oui, je devenais son double. Car contrairement au sens courant du terme, qui veut que l'autisme désigne une forme de coupure d'avec le monde, de total repli sur soi, je tiens pour vrai qu'il s'agit d'une forme de contamination du sujet par le monde extérieur, contamination désordonnée, éclatée, absurde, non signifiante, prolifération folle d'altérité insaisissable. Qu'est-ce qui nous tient à distance de l'autre, sinon le langage? Sans langage, l'autre est partout, en nous, autour de nous, à travers nous. Le repli autistique est une réalité seconde : il est protection face à cette invasion infinie.

Souvent, les parents d'enfants oui-autistes souffrent du regard des «gens» : moi, pas du tout. En compagnie de mon petit Robinson, je deviens un pur regard.

Dans le vent

La jeune femme devant nous dans la rue, d'un doigt discret, retient un pan de sa robe noire : un souffle fripon ne demande qu'à la faire claquer sur ses cuisses comme un drapeau sur sa hampe. Les arbres semblent faire des efforts pour ne pas reculer. Le panneau mobile qui annonce des travaux dans la rue est moins résistant : il est tombé à la renverse. Ce monsieur en gabardine n'a pas de chapeau — ce n'est plus la mode — mais, s'il en avait un, il devrait y prendre garde et le maintenir d'une main ferme sur son crâne.

Robinson, lui, rigole au point d'en perdre l'équilibre : quoi de plus drôle que de marcher contre le vent !

Autour de la taille

Parmi les trucs et les astuces auxquels peuvent avoir recours les non-autistes, il faut compter cette ceinture noire que je porte uniquement lorsque j'ai la garde de Robinson, sous ma chemise, ou, plus précisément, entre un tee-shirt et une chemise — car elle irrite la peau. De quelle matière est-elle composée ? Sa texture présente une ingénieuse combinaison de rigidité et de souplesse, de rigueur et d'élasticité. Sa longueur atteint les 94 centimètres, rien de moins. Quant à sa largeur, elle varie : elle mesure en son centre 23 centimètres et seulement 13 centimètres à ses extrémités. Soulignons, pour parfaire sa description, une particularité notable : elle se dédouble de chaque côté, au tiers de sa largeur, de manière à fournir un soutien bilatéral à celui ou celle qui la ceint. Aussi se ferme-t-elle au moyen d'une double rangée de bandes Velcro. Si le talon d'Achille avait bénéficié d'une aussi pratique armure, jamais les flèches de Pâris ne l'auraient atteint. Quant à moi, elle me protège des secousses que Robinson inflige à mon dos, par exemple au cours de nos promenades, et me permet d'encore le prendre dans mes bras sans dommage. C'est ma ceinture de paternité.

Face à nos mains

Nous sommes nos mains : doigts longs, doigts courts, ongles rongés, ongles vernis, mains manuelles, mains qui écrivent, elles sont, depuis l'enfance jusqu'à l'âge mûr, la part de nous-mêmes que nous avons le plus souvent sous les yeux. Notre corps est la plupart du temps revêtu. Et notre visage, malgré sa nudité, demeure un inconnu : nous ne l'apercevons jamais qu'à travers un média, miroir, photographie, regard de l'autre penché vers nous ; jamais nous n'aurons à l'affronter en face et chacune de ses apparitions nous stupéfie : « Est-ce bien moi ? N'étais-je pas plus jeune, plus beau, plus lisse ? D'où viennent toutes ces rides que je n'ai pas senties se creuser ? » Nos mains ne sont pas capables de nous étonner ainsi. Nous ne les voyons pas vieillir parce que nous les voyons sans cesse.

Robinson, pour sa part, considère souvent ses doigts *de l'extérieur*, comme s'il s'agissait de serpents au bout de son bras, de vers de terre alambiqués, des cheveux de Méduse. Avec lenteur et circonspection, il fait tourner une de ses mains sous ses yeux et ses doigts prennent alors d'étranges poses, bénéficiant les uns vis-à-vis des autres d'une forme d'indépendance souple : l'index se couche sur le majeur qui se recroqueville, l'auriculaire s'écarte, l'annulaire part en oblique comme pour former des entrelacs avec le pouce plié en angle droit. Et l'ensemble paraît dire au regard de Robinson : « Je est un autre. »

En fin de conversation (les bons conseils)

Sois plus sévère. Ne te laisse pas faire ainsi. Il faut savoir sévir. Place-le dans une institution : il y sera très heureux. Et les médicaments ? Et les dauphins ? Et les chevaux ? Et les dromadaires du Nil ? Et les camisoles de force ? Et la danse biodynamique ? S'il prononce un vrai mot un jour, garde-toi de le féliciter : il ne ferait que son devoir. Il comprend plus de choses qu'on ne le croit, cet enfant. T'adresses-tu assez à lui ?

Au piano

Robinson a reçu de sa belle-mère — mon Hélène — une boîte à musique en bois peint, qui interprète inlassablement, au gré d'un ressort mécanique, *Hey Jude* des Beatles — sans la voix de Paul McCartney. Non content de produire de la musique, le ressort en question actionne également une plate-forme aimantée sur laquelle dansent deux couples de coccinelles. Chacune d'elles tient son vis-à-vis par les pattes et le regarde dans les yeux, tournant à la fois sur elle-même et autour de la piste en une danse charmante comme une ballade des Beatles. Que Paul aurait écrite, dit-on, pour soutenir le fils de John lors du divorce de ses parents.

Robinson est fasciné par ce jouet. J'ai dû cependant renoncer à le laisser y toucher : deux fois déjà, il l'a lancé, sans colère et sans haine, à travers sa chambre. La boîte à musique est désormais juchée au sommet d'une armoire imposante. J'ai empêché juste à temps Robinson de l'atteindre tout de même, hier, alors qu'il grimpait sur un coffre en plastique bleu — que j'ai dû confisquer lui aussi, après tant d'autres jouets — non seulement pour sauver les pauvres coccinelles, mais surtout parce que ce genre d'escalade est plutôt dangereux. Alors, nous avons trouvé un compromis, lui et moi. J'actionne le mécanisme et je lui montre la boîte à musique qu'il ne peut pas toucher. Étrangement, il accepte cette contrainte — ce qui n'est pas son genre, ai-je envie de dire. De plus, il a lui-même fixé le cadre de l'écoute et de la contemplation en me poussant à m'asseoir sur le lit et en s'installant sur mes genoux, tandis que je tiens à bout de bras le petit coffre musical, qui est ainsi à la fois tout près de lui et inaccessible. À certains moments, n'y tenant plus, il l'effleure du bout des doigts, mais il ne conteste nullement mon autorité quand, avec douceur et fermeté, je m'empare de sa main et l'écarte du jouet. Lorsque la musique s'arrête, il secoue mon coude dans l'espoir que cette secousse la relance — ou pour encourager par ce mouvement les coccinelles à poursuivre leur danse dans le silence.

Après quelques jours, toutefois, les termes de ce compromis ont dû être revus : Robinson, n'y tenant plus, a réussi à faire tomber les insectes de leur socle. Depuis lors, avant que ne commence ce bref concert, je place la boîte à musique un peu plus loin de nous, sur la cheminée — mon fils prenant toujours affectueusement place sur mes genoux.

Robinson me montre du doigt le sommet de l'armoire — ces quatre coccinelles dans le vent encouragent décidément chez lui la communication. J'interromps aussitôt toutes mes activités (je crois que je rangeais du linge propre) pour prendre la boîte à musique et nous installer.

Que fait Paul McCartney, qui doit avoir sept fois l'âge de Robinson, septante ans, l'âge exact qu'aurait mon père, Paul McCartney qui vit toujours, qui est là, quelque part, sur notre planète, tandis qu'un mécanisme à la fois fin et rudimentaire reproduit les notes que sa voix a égrenées à la fin des années 1960, au temps de sa jeunesse et de ma naissance ? Que fait Paul McCartney tandis que mon visage jouxte celui de mon fils, son profil émouvant, sa beauté, sa blondeur, et que son corps parfait d'enfant se tient contre mon corps déjà usé ? Est-il à Londres dans sa belle maison, en train de prendre une *cup of tea* ? Trempe-t-il une madeleine dans son thé, réveillant ainsi d'anciens souvenirs ? Tandis que je profite de la présence sur mes genoux de Robinson, qui jamais dans d'autres circonstances ne vient ainsi vers moi, peut-être Paul McCartney s'est-il installé devant son piano ? Le vrai Paul McCartney, qui vieillit, là-bas, quelque part, au même rythme effrayant que grandit Robinson. Quelle pensée occupe son esprit alors que Robinson est avec moi, sur mes genoux, hors de sa bulle — ou plutôt m'incluant soudain dans sa bulle pendant que s'égrènent les notes de la chanson de 1968? Peut-être devant son piano, cet homme, dont une chanson concurrence la *Barcarolle* de Chopin et *Ah vous dirais-je maman* de Mozart au cœur des boîtes à musique destinées aux petits enfants, est-il en train de se dire : «Ah quoi bon jouer encore? Même si je compose le plus beau morceau de tous les temps, on me demandera toujours de chanter les succès de ma jeunesse...» Et, à la fois las et ému, alors que je remonte encore une fois le mécanisme de la boîte à musique pour prolonger entre Robinson et moi ce moment d'amour pur que je lui dois, Paul McCartney se met à fredonner, à part lui, *in petto*, en sourdine, sans s'en rendre compte : «*Hey Jude, don't let me down. You have found her, now go and get her...*»

Par la fenêtre

Robinson lève calmement la jambe pour que je lui enfile un nouveau lange, sec, propre et léger. Il regarde par la fenêtre. Dans la rue, en contre-plongée, je vois trois petites filles, qui doivent avoir entre quatre et six ans. Elles sont toutes trois vêtues de mauve, mais la couleur, chez chacune d'elle, a investi un vêtement différent : chez l'une, le capuchon, chez l'autre, la doublure du manteau, chez la plus petite, une jupe plissée. En attendant une femme, sans doute leur mère, qui échange encore quelques mots avec un homme demeurant sur le pas de sa porte, elles s'amusent à courir, une dizaine de mètres dans un sens, demi-tour, une dizaine dans l'autre. Elles se croisent exactement à mi-course, ce qui rend visiblement l'exercice jubilatoire. Je devine l'allégresse de leur petit corps à la mécanique parfaitement huilée, leurs jambes galopant d'elles-mêmes, sans effort, leurs cheveux bouclés par l'air qu'elles bousculent et leur complicité, cerise sur le gâteau, qui donne une signification à leur course. Quel bonheur de faire la même chose au même moment et d'en rire de concert !

Je ne suis pas certain que ce soient elles que Robinson regardait un instant plus tôt. Il est de toute façon à présent ailleurs. S'il les a observées, ce n'est certainement pas avec envie. Il ne joue jamais avec les autres enfants.

À la carterie

Nous avons reçu plusieurs messages pressants — par messagerie électronique, par voie postale, en surimpression sur l'écran du téléviseur : il nous faut changer notre décodeur télévisuel, absolument, c'est gratuit et nécessaire, sans quoi nous ne serons plus capables de capter la moindre image cathodique. À la suite de plusieurs péripéties néomodernes, j'apprends que notre nouvel appareil nous attend dans un «point Oyxal», expression étrange désignant les petits commerçants qui — pour quels avantages ? — ont accepté de rendre service à la grosse société de télécommunication et de distribuer les décodeurs à leurs clients. Le point Oyxal le plus proche de la maison est la carterie Brenda, sise dans une galerie commerçante du centre-ville.

Je ne me tracasse pas vraiment de cette situation — moi qui, de temps en temps, rêve de donner des coups de marteau dans l'écran de télévision familial ou de le rafraîchir dans le fond d'une baignoire, ou encore de récupérer l'espace considérable qu'il occupe pour ouvrir une cheminée. Robinson ne s'en soucie pas non plus — je ne l'ai jamais vu prêter la moindre attention aux images mouvantes et bavardes, ni aux dessins animés, ni aux films pour enfants.

Mais je ne suis pas seul à la maison et mon téléphone ne cesse plus de recevoir des messages de rappel. J'imagine que le tenancier de la carterie (comment dit-on? un carterier?) doit se sentir encombré par les décodeurs attendant, en son magasin, leurs heureux propriétaires. En outre, le soleil perce enfin les nuages : cela fera un but de promenade avec Robinson.

Je m'empare d'une besace assez grande, y fourre télécommande, décodeur et fils électriques divers — ce n'est pas vraiment léger mais j'en ai vu d'autres! Le rouge manteau de mon fils et un parapluie — on n'est jamais trop prudent — viennent compléter cet attirail. Tant que j'y suis, comme nous passerons devant la bulle-poubelle à verre, je prends deux sacs de bocaux et de bouteilles vides à jeter — Robinson adore cela. Je n'oublie pas non plus les trois brins de scoubidou qui l'occuperont en cours de route. Nous voilà partis à pied vers la carterie!

Je suis content d'arriver à la bulle-poubelle : mon chargement est tout de même assez lourd et Robinson a envie de courir, ce que je dois lui interdire, de peur de laisser s'échapper une bouteille de mes sacs.

Mon fils a un rituel pour chaque circonstance.

Aussi s'installe-t-il comme d'habitude devant la troisième bulle, dédaignant les deux autres. Je me place derrière lui, lui donne un bocal, en plaçant bien son orifice vers le haut. Il commence par tapoter la paroi de métal courbe avec le verre qui rebondit de façon sonore et régulière. Il me faut répéter trois fois «Dans la bulle!» pour qu'il finisse par enfoncer le pot dans un trou bordé de caoutchouc amortisseur. Fric frac boum. Le fracas caractéristique qui s'ensuit le réjouit et il se tourne très vite vers les sacs pour s'assurer que d'autres récipients vont lui permettre de répéter l'opération. Parfois, je le laisse faire ainsi, et lui permets de profiter intégralement de ce doux plaisir. Sa joie ne fait que croître au fur et à mesure que s'entasse le verre brisé dans la poubelle métallique. Elle est tellement manifeste qu'un jour un homme, qui jetait ses bouteilles de vin vides deux bulles plus loin, a fini par lui en donner quatre ou cinq pour la prolonger encore. Mais cet après-midi, nous avons une mission plus importante à accomplir et de la route à faire : tandis que Robinson fait rebondir un bocal sur la paroi, je jette deux, trois flacons moi-même, pour accélérer la cadence. Chacun s'accorde de nos jours à penser que l'autisme est génétique, ou dû à la pollution, ou à un traumatisme physique à la naissance, ou à l'influence des ondes sismiques, de la nourriture lyophilisée, des astres, des ancêtres dont le prénom comptait plus de voyelles que de consonnes... Bref : en tout cas, les psychanalystes se trompaient, puisqu'ils culpabilisaient les parents. CQFD. Preuve par neuf. Si qui que ce soit se sent coupable quelque part, c'est que la théorie de départ est erronée : voilà un raisonnement sans appel ! D'ailleurs, tôt ou tard, les scientifiques trouveront un vaccin contre l'autisme, cela ne fait aucun doute. En attendant, quant à moi, je m'accroche à ma culpabilité comme un noyé à une bouée de sauvetage, comme un virtuose à ses ultimes fausses notes, culpabilité qui m'entoure, qui me relie à mon fils, qui me regarde à travers le trou de la bulle-poubelle, tandis que j'y enfonce sans vergogne un pot ayant naguère enfermé des haricots verts.

La ville, profitant d'un soleil trop longtemps attendu, est pleine de passants et de passantes. Comme Robinson demande à s'asseoir tandis que nous arrivons sur le boulevard, j'en profite pour renouer mon lacet gauche et pour rhabiller au mieux mon fils, glissant sa chemise, qui dépasse de son pull polaire, entre son pantalon et son lange.

Nous reprenons la route. La foule est si dense que Robinson pose sa paume libre sans cesse sur l'une ou l'autre personne. Chacun s'en étonne. Les uns sourient, les autres froncent les sourcils. « Ça va aller ? » lui demande une dame, avant de s'excuser auprès de moi dès qu'elle comprend, grâce à une grimace significative, qu'il s'agit d'un *enfant différent*. Robinson, à plusieurs reprises, cherche à dégager sa main de la mienne. Dans le plus large piétonnier du trajet, il s'empare prestement de la gaufre d'un petit garçon qui se met à pleurer sans songer à se défendre. Je rends aussitôt à cet innocent César la gaufre de César, sans rien rendre à Dieu — ce dernier, désolé, ayant plutôt à mon égard une sérieuse ardoise à régler.

Tout se complique quand je découvre la carterie en question. Le magasin se présente sous la forme d'un long couloir rempli de trois rangées de tourniquets entre lesquels il faut se faufiler en souplesse : deux anorexiques ne pourraient s'y croiser. La marchandise, kitsch et colorée, déborde de partout sous la lumière artificielle : des tasses arborant chacune un prénom différent, Christelle, Mathieu, Stéphane, Chloé, des cartes de vœux pleines de bons sentiments, de tout mon cœur ! à la meilleure maman du monde, humoristiques, être vieux, c'est être jeune depuis plus longtemps que les autres, ou burlesques, des colifichets (je ne sais au juste ce que signifie ce mot, mais je suis sûr que ce qu'il désigne se trouve dans ce magasin), des boissons sucrées, des stylos à bille, des biscuits salés, des bijoux de fantaisie, des nœuds à mettre dans les cheveux, des banderoles pour les supporters de foot, des masques de sorcier, des farces et attrapes scatologiques ou sexuelles, des faux nez et des fausses bites, des verres sur lesquels sont inscrits des encouragements à boire. En plus d'être encombré de brimborions, l'espace est saturé de musique binaire et électronique.

J'hésite à rebrousser chemin : comment traverser ce lieu de toutes les tentations en empêchant

Robinson de s'y servir à la volée ? Je me penche vers mon fils pour lui demander de me donner non pas seulement une main, mais les deux. Il me sourit — parce que je m'adresse à lui. Culpabilité, ah ! ma belle culpabilité ! Je lui enserre les poignets dans ma paume, tout en portant toujours mon barda à peine allégé, et commence à marcher sur le côté comme un crabe citadin. La situation amuse Robinson, qui ne songe pas à se rebeller.

Le comptoir, lui aussi très encombré, est enfin à notre portée. D'autorité, je pose ma besace sur le seul espace demeuré libre — une table en plexiglas toute griffée. Personne ne se soucie de moi. Une jeune femme, grande, athlétique, blonde, sans doute la carterière, parle avec un homme portant une casquette, plus que probablement un client — même si vraisemblablement il n'achète rien et se contente de récolter quelques informations. Robinson, que j'immobilise devant le petit bout de comptoir, me fait signe : il voudrait que je le prenne dans mes bras. Ce n'est pas le moment, fiston. Il convient plutôt de vider mon sac — au propre, pas au figuré. Hélas ! la tablette en plexiglas est trop étroite pour accueillir à la fois le contenant et le contenu — je pose donc ma besace à terre, puis, tout en gardant les mains de Robinson dans une des miennes, je prends de l'autre un à un les différents accessoires télévisuels à échanger, fiches USB, câbles HDMI ou *Ethernet*, télécommande et décodeur, posant le tout sur le comptoir.

Robinson se libère dans l'espoir de s'emparer des fils électriques et de les fourrer en bouche. Tu voulais que je te porte ? Viens. Et je le prends dans mes bras afin de mieux le maîtriser. Il fait chaud.

Le client semble satisfait des renseignements recueillis et la jeune femme s'approche enfin de moi.

— Vous désirez ?

— Je viens échanger mon décodeur TV, dis-je, sûr de mon fait.

Elle prend un air tellement embarrassé que je crois un instant m'être trompé d'enseigne.

— Il faut une caisse, répond-elle, tellement bas que je l'entends à peine (sa voix est à moitié recouverte par la musique).

— Une pièce ? Mais toutes les pièces y sont, regardez.

— Une caisse, répète-t-elle. Pour l'emballer. Je dois l'envoyer par la poste, moi, après.

Pendant une dizaine de secondes, je songe à me révolter, à hurler, à renverser, avec l'aide de Robinson, un maximum de tourniquets dans le magasin. Je ne demandais rien à personne, moi qui ne regarde la télé qu'occasionnellement — lorsque Barack Obama gagne les élections américaines ou quand l'homme pose le pied sur Mars.

Mais la jeune femme me considère avec compassion, presque plus embarrassée que moi. Et je me souviens soudain que le premier courrier spécifiait, en effet, qu'il fallait emballer dans une caisse le décodeur que l'on rapporte. Aussitôt, ma colère se transforme en tristesse, en abyssal découragement. Je sens des torrents de sueur dégouliner dans mon dos, qui souffre du déséquilibre causé par Robinson, toujours bien au chaud dans mes bras.

— Bon, je vais reprendre tout ce *broll*, soufflé-je avec une voix de moribond désabusé.

Soudain, Robinson se met à lancer à travers le magasin un de ses cris inimitables, qui va *crescendo* de point d'exclamation en point d'exclamation inarticulés. La compassion de la jeune femme se mue en franche pitié. J'ai l'impression qu'en un éclair elle comprend ma situation et la difficulté de ma vie. Si, en plus, je n'ai pas droit au nouveau décodeur...

— Bon, laissez-le quand même. Je vais chercher une caisse tout à l'heure, concède-t-elle, généreuse, mais un peu amère tout de même, comme si elle me signifiait que sa journée de travail était déjà bien longue et pas toujours drôle et que la recherche de cette caisse la prolongerait sans augmenter en rien son maigre salaire.

Soudain, sa voix s'éclaire :

— Ah, j'ai une idée ! Il suffit que vous me laissiez la boîte du nouveau décodeur !

— Génial ! dis-je, partageant son bonheur.

Mais je sens confusément que Robinson bouge drôlement contre moi.

— Hé là ! crie la cartovendeuse.

Robinson s'est emparé d'un objet dont j'ignore — je le confesse — le nom exact : une espèce de présentoir à papier toilette, applique murale noire et souple, qu'il tient d'un côté et que la jeune femme, surgie de derrière son étroit comptoir, tire de l'autre, du côté du rouleau de papier-cul de démonstration qui permet, précisément, aux clients de comprendre l'utilité de l'ustensile.

— Lâche ce... Lâche cette chose, Robinson !

Culpabilité, sainte culpabilité. Qui est le coupable ? L'inventeur ingénieux et solitaire ayant conçu ce présentoir à rouleaux hygiéniques ? Ou toute l'équipe, qui, au cours d'un *brainstorming* passionnel, a soupesé les avantages et les inconvénients de sa commercialisation ? Ou encore l'individu qui, tôt ou tard (il n'y a pas de raison), l'achètera, le placera sur le mur de ses toilettes, au moyen d'un clou, voire d'une gentille petite vis, puis le testera, cela tombe bien j'ai justement un bon vieux petit besoin, s'installant sur le trône sans se douter que l'objet de sa contemplation, dont il est si content, a donné lieu à un pugilat, bref mais intense, entre une cartoricienne et un enfant oui-autiste ?

— Lâche cela, Robinson !

Une fois le précieux porte-papier-cul sauvé par miracle, la cartomanvendeuse regagne son comptoir. Bientôt, elle dépose le nouvel appareil dans mon sac. Je peux enfin sortir.

Dehors, je m'aperçois qu'il pleut à verse.

À la plaine de jeux

Où que j'aille, j'emporte toujours un livre avec moi. Si je suis en compagnie de Robinson, j'opte naturellement pour une lecture point trop complexe. Ou alors, si, mais de la poésie, c'est-à-dire des textes courts, *Héros-Limite* de Ghérasim Luca, par exemple, dans lesquels on tombe vite et dont on peut s'extraire aussitôt, car Robinson ne me laisse jamais l'occasion de rester tranquillement assis. Les autres parents sont moins souvent dérangés, mais, à mon grand étonnement, ils n'en profitent que très rarement pour lire *Héros-Limite* de Ghérasim Luca, en tout cas dans la plaine de jeux que fréquente Robinson. « Corps angoissant engendré / par un triangle / rectangle angoissé / qui tourne angoissé / autour d'un des côtés angoissants / de l'angle droit de l'angoisse. » Je lève la tête, sortant brusquement de l'angoisse géométrique de Luca pour entrer dans la mienne : Robinson s'est emparé d'une vieille cannette de bière abandonnée qu'il s'apprête à mettre en bouche. Heureusement, il n'a pas vu que je le voyais et ne détale pas en riant : j'interviens à temps.

Après tout, il n'est nullement impossible de lire debout. «Personne à qui pouvoir dire / que nous n'avons rien à dire.» Non, Robinson, on ne peut pas jeter les petits cailloux en l'air. «La pure violence de "comment" / dans Comment-se-délivrer-de-soi-même.» Robinson, rends tout de suite sa pelle à cette petite fille! Donne! «Dans cette course folle / dansée en plein vide.»

La présence des autres enfants semble rendre Robinson joyeux, mais il ne s'en approche guère, en général, et ne cherche jamais à jouer avec eux. Leurs mouvements et leurs cris, leurs courses et leurs bravades suffisent à ses yeux pour créer une bonne ambiance. Et, dans l'autre sens, après une rapide tentative de dialogue, une phrase d'approche demeurée sans réponse, Comment tu t'appelles? Tu es en quelle année? les autres se détournent placidement de lui, sans s'offusquer de son silence, sans s'interroger sur son étrange attitude. Les enfants, la plupart du temps, ignorent Robinson. Sauf exception…

… Un gamin, terrorisé par ses cris sans nom, m'a déclaré un jour d'un ton péremptoire : «Je ne veux pas qu'il vienne dans mon école, lui!»

Voyant Robinson installé sur le tourniquet qu'elles s'apprêtaient à investir, deux petites filles de six ou sept ans se sont dit l'une à l'autre à voix haute : « Non, pas avec lui : il est malade. »

Plus généreuse, une fille de sept ans essaie d'expliquer à Robinson qu'au lieu de la faire rebondir devant ses pieds il peut s'asseoir sur la balançoire. Comme elle n'obtient de lui aucun résultat, elle se tourne vers l'adulte debout qui regarde la scène, se doutant bien qu'il doit s'agir du papa de ce garçon obstiné. Elle n'ose pas m'adresser directement la parole, mais me lance un regard interrogateur.

— Il est différent des autres enfants, dis-je un peu lâchement.

Elle réfléchit et, après avoir passé mentalement en revue les calamités et les mystères de ce monde dont elle a entendu parler, elle me demande :

— Il a des allergies ?

Je souris, mais, par respect, je lui réponds le plus sérieusement du monde :

— Non, il n'a pas d'allergies. Il est autiste.

— Ah bon, acquiesce-t-elle.

— Et il ne sait pas parler. C'est pour cela qu'il ne te répond pas.

— Il ne sait pas parler ? Mais, alors, comment fait-il à l'école pour apprendre à écrire ?

Un petit garçon belgo-marocain s'inquiète parce que Robinson demeure au sommet du toboggan sans en dévaler la pente glissante et le presse de questions : « Tu as peur ? Veux-tu que je t'aide ? Je t'assure que ce n'est pas dangereux…» Ému par tant de bienveillance, je lui explique la situation.

— Ah bon, il ne parle pas? s'étonne le garçon. Pourquoi? Il est français?

Ce bel espace arboré est situé aux portes de la ville. Nous pouvons nous y rendre à pied : Robinson connaît bien les lieux. Où que nous allions, il cherche toujours à me faire obliquer en direction de ce parc familier.

Aujourd'hui, je le tiens à l'œil et demeure debout en marge de l'aire de jeux, dominée ici par une araignée de corde à escalader. Mais il est calme : il s'amuse à faire des grimaces avec ses doigts, comme s'il cherchait à inventer des ombres chinoises inédites.

Je n'ai pas le courage de lire debout et j'observe deux petits garçons qui, visiblement, viennent de lier amitié ; nul doute qu'ils ne proviennent pas des mêmes horizons sociaux. L'un porte une jolie chemise beige, qui a été repassée aussi soigneusement que ses cheveux ont été coiffés, l'autre arbore une tenue de sport bon marché. Je repère vite l'adulte qui veille sur le petit prince : probablement sa grand-mère — chignon parfait et air doux. Elle n'a pas l'air aussi émue que moi par la facilité avec laquelle, à cet âge, les amitiés se nouent en dépit des étiquettes sociales. J'ai même l'impression qu'elle est quelque peu inquiète. Je crois d'abord à un désagréable réflexe de classe. Mais, à y regarder de près, les deux gamins ont bel et bien des airs de conspirateurs : accroupis, ils se parlent tout bas comme s'ils préparaient un mauvais coup. La grand-mère s'est levée sans un bruit. Elle se trouve à présent debout à trois pas de moi. Suis-je en train de me laisser envahir par l'inquiétude excessive de cette vieille dame ? Ou de devenir franchement parano ? J'ai l'impression que les deux conjurés jettent tour à tour vers Robinson des coups d'œil qui n'ont rien d'amène. Je me rassure en constatant que mon fils, plus âgé qu'eux, les dépasse en taille de deux bonnes têtes. À peine cette pensée a-t-elle traversé mon esprit que les deux complices, plus rapides encore, s'élancent en hurlant comme des Sioux bel et bien en direction de Robinson.

— Guillaume ! Que fais-tu là ? s'écrie la grand-mère, horrifiée.

Mon fils se retourne. Il n'a pas l'air d'avoir peur. Il sourit même et se met à courir autour de l'araignée pour échapper à cette meute bisociale.

Faut-il que j'intervienne *illico* ? J'hésite : pour une fois que Robinson entre en interaction avec d'autres enfants… Mais voilà qu'il se laisse rattraper et qu'il se jette à terre. Pris d'une sorte de frénésie bestiale, les deux complices se préparent à le frapper, heureusement sans art, avec maladresse. Je me précipite et ils s'enfuient — par prudence, mais sans remords. Seule la grand-mère nous présentera ses excuses.

Ces deux petites filles sont assorties : même chemisier blanc avec un liseré rose à la boutonnière, même jeans quelque peu bouffant, certainement de bonne qualité. Elles sont les deux seuls enfants, ce matin, à occuper la plaine, avec Robinson. Manifestement bien élevées, ces sœurs ne parlent guère, mais les regards qu'elles échangent entre elles et, occasionnellement, avec leur mère, assise sur le même banc que moi, en disent long : j'y lis une forme de peur et une forme de dégoût à l'encontre du gamin qui crie d'une étrange façon à deux pas d'elles.

Je confie alors à la mère de ces deux fillettes circonspectes le nom du mal dont souffre Robinson — elle avait compris, bien entendu, mais, du fait que je lui ai adressé la parole, elle peut transmettre l'information sans paraître impolie. Tout en restant assise sur mon banc — alors que je me suis levé pour empêcher Robinson de mettre en bouche un bout de bois —, elle hausse la voix afin d'expliquer à ses filles que le petit garçon est autiste, comme cet enfant que vous avez rencontré à l'école l'an dernier. Le diagnostic a un effet magique : ramenant l'inconnu au connu, il annule aussitôt la peur et le dégoût. Voici les deux sœurs qui essaient d'aider Robinson à escalader l'araignée.

Depuis peu, quand nous nous rendons à pied au parc, Robinson délaisse l'aire de jeux. Il préfère s'approcher de l'étang, heureusement entouré d'un grillage d'un mètre vingt de haut. Mais je dois le suivre de près, tant il manifeste le désir de passer outre et de se jeter à l'eau.

Ce jour-là, comme un soleil tant attendu couronne enfin le ciel, le parc est envahi par des groupes de jeunes gens assis dans l'herbe, formant des cercles intimes, autour de bouteilles, d'un guitariste, voire d'un joueur de djembé. Sans crier gare, Robinson se met à courir. Je le suis à la trace et nous slalomons dans l'herbe entre les diverses petites assemblées disséminées dans le parc. Voilà pourtant qu'il s'arrête en riant, en plein milieu d'un cercle — plus précisément entre les jambes d'une jeune fille en mini-short et en haut de maillot vert fluo. Il est beau comme un séraphin, mignon et innocent — chacun rit de son sans-gêne. Mais je dois user de ma force pour le retirer de là, à la fois embarrassé par la situation, veillant à plier les genoux, selon les conseils de ma kiné, à rentrer le ventre pour protéger mon dos et songeant avec amertume que, dans quatre ou cinq ans, plus personne ne trouvera qu'il est «craquant» dans ce genre de situation.

Comme celle-ci s'est répétée quelques fois, j'ai cherché un autre parc, agencé d'une autre façon. Oublions la grande aire, juchée au sommet de la colline de Cointe : les joueurs de foot ou de basket y jouxtent de trop près les jeux d'enfants. Reste cet espace ombragé dans le tournant d'une rue pentue, qui n'offre à ses usagers ni terrain de sport ni douce couche d'herbe, mais seulement une construction en bois qui n'intéresse que les enfants.

Nous nous y rendons en voiture. Plein d'espoir, je m'assieds sur un banc de bois et, tandis que Robinson escalade une espèce de fortin moyenâgeux, j'ouvre mon livre, un livre savant consacré à l'ironie dans le roman contemporain — ce qui prouve mon optimisme. Mais l'ironie du sort s'empare de ma propre existence sans me laisser le temps de mesurer ses effets sur la littérature d'aujourd'hui : Robinson, une fois arrivé au sommet du fortin, baisse en riant son pantalon et son lange sous le regard interdit d'enfants beaucoup plus jeunes que lui et de leurs mères. Je n'ai guère le choix : je grimpe à mon tour sur le frêle édifice, en espérant qu'il ne s'écroule pas sous mon poids — ouf! cela tient — et je rejoins très vite Robinson, entravé dans sa course par son pantalon descendu sur les genoux. Je sens tellement peser sur moi le regard accusateur d'une mère outrée, deux mètres plus bas, que, pour bien lui montrer que je maîtrise la situation et que je ne tolérerai pas une seconde incartade de ce type, je donne une petite claque à la fesse gauche de mon fils — geste inutile et absurde qu'il ne comprend pas. Je remonte ensuite ses vêtements avec un peu trop d'empressement, déchirant les couches-culottes dont les attaches ne tenaient plus qu'à un fil.

Robinson pleure et râle : pourquoi, à peine arrivé, doit-il repartir? Papa-le-grand-non-autiste est-il devenu fou? Je l'entraîne de force vers la voiture, à la fois furieux et coupable, ma fureur et ma culpabilité se nourrissant l'une de l'autre. J'en oublie sur mon banc l'ouvrage dont j'avais à peine entamé la lecture. Il reste à espérer qu'une des mères pudibondes veillant sur ce parc s'intéresse à l'ironie dans le roman contemporain.

Les cerisiers sont en fleurs et parsèment de blanc ou de rose la grisaille urbaine. L'un d'eux, isolé, se tient au bord du sentier du parc où nous arrivons, Robinson et moi. Mon fils reconnaît les lieux — il a d'ailleurs une très bonne mémoire topographique — et cherche à dégager sa main de la mienne : il sait que, dans les parcs, il a droit à cette liberté-là. Je le lâche. Il détale aussitôt. Quoi de plus beau qu'un petit garçon qui court ? Mais il faut le suivre, ce petit garçon-là, et je le suis, à grandes enjambées, malgré la fatigue d'une nuit agitée, fixant des yeux la vitesse de ses jambes comme pour y puiser de l'énergie. Ce n'est qu'à la dernière seconde que j'aperçois la branche basse du cerisier — une branche morte, dépourvue de fleurs comme de feuilles —, je me penche pour l'éviter et poursuis la course vers l'étang heureusement grillagé.

J'imagine alors le choc de la branche sur mon front, mon arrêt, ma chute peut-être, voire mon évanouissement passager. Puis l'angoisse obscure en reprenant mes esprits : où est passé Robinson ?

Dans la chambre de Robinson

Robinson a pris son bain. Il est propre et apaisé. Tandis que je bouquine dans ma chambre, il s'occupe dans la sienne en chantonnant un air continu et répétitif : il s'amuse en musant. Joue-t-il ou effectue-t-il un travail à la fois agréable et contraignant ? Écoute-t-il son bon plaisir ou une obscure volonté qui lui semble extérieure à lui-même ?

Il est debout devant son coffre à jouets — dont, par prudence, j'ai dévissé depuis belle lurette le couvercle. Il s'y empare d'une ficelle de scoubidou orange, l'entortille soigneusement, un bout dans chaque main, en frotte une extrémité sur les minuscules crans de la vanne du radiateur, puis il cherche à la redresser devant lui, observant la façon, molle et lente, dont elle retombe sur elle-même. Il fait ensuite deux pas et lance ce fin cordonnet sur la large étagère qui se trouve au-dessus de son lit. Passons au point suivant de l'ordre du jour. Dans sa malle, il saisit cette fois la rampe d'accès d'un garage pour petites voitures, pièce qu'il a arrachée il y a déjà longtemps à sa place d'origine et qui constitue désormais un objet à part entière. Il tapote ce dernier contre ses dents, puis, sans attendre, l'envoie également en l'air afin qu'il atterrisse sur l'étagère, déjà bien encombrée. Ensuite, du bout du pied, il fait délicatement glisser sous le lit une ou deux balles légères et colorées qu'il a libérées le matin même lorsqu'il a renversé la boîte en carton qui en contenait une bonne centaine. Il laisse en suspens cette tâche pour ramasser un bol orange — pourquoi traînait-il donc là par terre? — qu'il fait d'abord rebondir contre ses incisives avant de s'en servir pour marteler doucement le châssis de sa fenêtre. Il s'aperçoit alors que le récipient réfléchit le soleil, à tel point qu'il en projette devant lui quelque peu l'éclat : Robinson le secoue alors, régulièrement, de bas en haut, pour déplacer sur le mur un faisceau de lumière brillante. Après quoi, il se retourne, cogne à nouveau deux ou trois fois le bol contre ses dents, l'examine avec le regard grave d'un chimiste considérant une éprouvette, puis, hop! le lance, en soupirant — au-dessus de l'armoire, cette fois-ci, pour changer un peu.

Le coffre lui fournit ensuite un gros bonhomme Duplo, personnage fabriqué à l'intention des très petits enfants, de façon schématique, le corps étant constitué de trois parties moulées ensemble, tête jaunâtre, torse vert (sans doute est-il vêtu d'un chandail de cette couleur) et jambes rouges. Robinson ne semble d'ailleurs pas lui conférer plus d'humanité qu'au scoubidou ou au bol. Il en use de la même manière : tapotage contre ses incisives, quelques coups contre la veilleuse au-dessus de son lit avant le jet final vers l'étagère. Et si tel ou tel jouet (personnage, ourson, foreuse) appelle des manipulations spécifiques, celles-ci sont inspirées par ses caractéristiques morphologiques — et non par le réel représenté. Ainsi, ce petit pont de bois bleu, finement taché de formes rectangulaires vertes disposées en quinconce, qui s'intégrait autrefois à un jeu de construction offert par ma mère, doit-il vraiment être considéré comme un pont en miniature et, à ce titre, participer à une reproduction de la ville, de la route, de la campagne ? Que nenni ! Sa matière permet, en revanche, de produire une nouvelle variété de tambourinage : les carreaux blancs sur le mur, dans le coin de la pièce, sont d'ailleurs tout indiqués pour procéder à l'opération, pop, pop, pop. De la même manière, ce gros tricératops de trente centimètres de long, tout à fait réaliste (si ce n'est la couleur mauve et bleu de sa peau), qui, si je le munissais de piles, marcherait d'un pas lourd sur le sol du Crétacé en poussant un fier rugissement, ne participe à aucune histoire ni à aucune préhistoire. Il n'effraie personne, n'a ni nom ni cri : Robinson, invariablement, lui gratte le ventre entre les pattes, là où sa carapace est la plus rugueuse, puis joue avec sa queue articulée, qu'il met à l'occasion en bouche. Enfin, transformant le tricératops en ptérodactyle, il le lance en l'air.

Ayant déjà ainsi, mine de rien, abattu pas mal d'ouvrage, Robinson souffle un quart de seconde : il en profite pour observer ses propres doigts, en louchant presque. Après quoi, il s'approche de l'armoire et caresse de l'ongle sa serrure dorée, ce qui dispense — qui d'autre s'en est avisé ? — une petite musique d'orgue de Barbarie désaffecté. Puis il donne au montant de bois une sorte de chiquenaude du majeur impossible à reproduire pour un non-autiste, le doigt ne prenant nullement appui sur le pouce, toc toc toc. Il pose ensuite son pied nu sur une balle bleue, la fait très délicatement rouler de deux ou trois centimètres sous sa voûte plantaire.

L'ensemble de ces opérations ne l'a pas occupé pendant plus de trois minutes. Tout va bien. L'angoisse, la peine, l'ennui n'ont aucune place dans ce tableau.

Nouvelle chiquenaude, sur le radiateur cette fois, qui se révèle beaucoup plus sonore que le bois. Passons aux choses sérieuses ; dans le coffre, Robinson récolte à présent trois jouets différents d'un coup : un cylindre creux et ouvert, uniformément mauve, à la base duquel une baleine humoristique s'inscrit en bas-relief et qui faisait jadis partie d'un jeu d'emboîtement, une fausse scie égoïne, qu'il glisse sous son bras, et une espèce de large clé de plastique bleu, qui servait auparavant à ouvrir les portes grossières d'une maisonnette aujourd'hui démolie. Il se concentre d'abord sur ce dernier ustensile, le tapotant bien sûr contre ses dents, mais en s'inspirant d'une nouvelle technique, selon un mouvement de bas en haut qui permet de frapper la mâchoire inférieure puis la supérieure en un va-et-vient des plus efficaces. C'est ensuite la solidité du mur qui est mise à l'épreuve, tac tac tac. Tout en gardant la clé en main et la scie sous le bras, il se consacre ensuite au cylindre mauve, dents puis chambranle. Tiens, quelque chose, peut-être simplement l'horizon varié des constructions urbaines, attire son regard par la fenêtre. Il s'immobilise durant un bref instant. Ne rêvons pas trop longtemps : la clé cogne à son tour le chambranle. Il compare ensuite le bruit obtenu avec celui produit, sur la même surface, par le récipient mauve. C'est bien cela. Et hop, en deux temps trois mouvements, tout ce matériel vole vers l'étagère. Cette petite voiture, puisée à la même source, subit d'abord un sort original : le pouce et l'index droits posés chacun sur l'une des deux roues arrière, Robinson la fait osciller, avec dextérité, sur l'axe transversal de son arbre de roue. Après quoi, peut-être parce qu'elle est orange comme le bol lumineux de tout à l'heure, il tente de s'en servir pour capter les rayons du soleil, mais elle demeure opaque. Alors, l'on en revient au destin commun : tapotages et tapotements divers et lancer en l'air. Toutefois, le petit véhicule se montre rétif : il rebondit sur le mur et tombe par terre. Cela ne contrarie pas Robinson, qui fait preuve de plus de patience vis-à-vis de ses jouets récalcitrants que face aux ordres de son père : il ramasse l'automobile (pour le coup vraiment auto-mobile). Le deuxième essai sera le bon.

Il est temps de s'agenouiller, de se coucher par terre pour faire rouler en dessous du lit les balles qui traînent encore dans la chambre. Une, deux, trois, quatre balles vont rejoindre ainsi leurs camarades dans la pénombre. C'est sans compter sur un soudain changement dans les ordres qui viennent d'*en haut* : Robinson s'avise qu'il faut chasser toutes ces balles de là, les faire regagner l'air libre, sans doute, on verra bien, pour les ranger ensuite dans leur grande boîte en carton. Il rampe donc sous le lit, ce qui représente, vous en conviendrez, une besogne plutôt pénible, comme l'attestent de sourds gémissements. Mais Robinson s'arrête presque aussitôt, paraît réfléchir dans l'ombre : il mesure peut-être l'étendue de la tâche à accomplir. Les balles sont mal mises, comme si elles se blottissaient le long du mur, contre la plinthe... Il renonce — ou bien : on lui signifie, là-bas, en *haut lieu*, qu'il faut renoncer. Robinson s'extrait alors de cette mine souterraine. Se relève. Se rend dans la chambre de son père et de sa belle-mère. S'empare sur ma table de nuit de ma boîte de boules Quies. Cherche à l'ouvrir. M'adresse un regard mutin. Grâce à celui-ci, j'enregistre deux informations : d'une part, Robinson sait très bien que je n'ai pas du tout envie qu'il éparpille partout mes bouchons d'oreilles, d'autre part, je ne suis pas, à ses yeux, le grand manitou qui prend les décisions importantes en *haut lieu*. Il jette alors la boîte contre ma commode. «Ramasse!» dis-je. Et il obéit. Tapote néanmoins la boîte contre ses incisives inférieures. La repose gentiment sur la table de nuit, à la place exacte où il l'a prise. Il s'apprête ensuite à saisir le fil électrique alimentant ma radio. «Non, Robinson!», y renonce, se couche dans notre lit et se recouvre de notre édredon en faisant montre d'un certain sens du confort. Rit de bien-être. Regarde ses doigts. La vie est belle, n'est-ce pas? Se blottit en position fœtale. Remue doucement. Fait claquer sa langue dans sa bouche, cloc cloc cloc. S'assied. Se recouche aussitôt. Glousse nerveusement et se mord l'index. Se relève. Jaillit hors de l'édredon, s'étale de tout son long sur le ventre à l'autre bout du grand lit. Bat des jambes et gigote comme un serpent, les bras le long du corps, arquant le dos vers l'arrière avec une souplesse étonnante. S'immobilise. S'agenouille. Sort du lit, fait deux pas, se recouche, se recouvre à nouveau de l'édredon, prend un air pensif en observant le plafond. Considère sa main droite. Actionne ses doigts en laissant à chacun d'eux une autonomie prodigieuse. Réfléchit profondément durant un quart de seconde. Se met debout sur le matelas. S'esclaffe, me lance un regard frondeur, s'apprête à sauter à pieds joints comme sur son trampoline. Ouste: je le chasse de mon lit.

Il a regagné sa chambre. Rigole encore un peu. Se met à genoux et, dans une pose qui rappelle la prière du fidèle, appuie ses deux mains sur son bas-ventre en oscillant le bassin.

Ces opérations qui se suivent à grande vitesse ont été réalisées en moins d'un quart d'heure. Bien moins de temps qu'il ne faut pour les décrire.

Au bonheur des sons

Robinson, on l'a vu, aime les boîtes à musique. Il en possède plusieurs. Outre les coccinelles de Paul McCartney qu'il n'écoute qu'en ma compagnie, il peut disposer d'un lapin assoupi qui, pour peu qu'on tire sur un anneau au bout d'une ficelle, se met à produire les sons de la chanson *Un jour mon prince viendra* extraite d'un célèbre dessin animé. Le même principe déclenche un mécanisme similaire — mais une musique différente — à l'intérieur d'une maison-champignon en plastique dur et d'un tendre agneau au sourire naïf.

Parfois, j'ai le sentiment que Robinson écoute le défilé des notes, doux et répétitif, d'abord rapide puis allant *decrescendo* vers un silence apaisant, s'arrêtant au hasard sur un *do*, un *ré*, un *fa* sans accomplir jusqu'au bout le schéma tonal.

Mais peut-être est-ce le mécanisme qui lui plaît : car il n'est pas rare qu'il en enclenche deux ou trois à la fois — et les mélodies mélangées s'apparentent à de la musique dodécaphonique.

Dans le monde

    Robinson n'a aucun problème. Parfois, il s'ennuie, parfois il râle, parfois il a mal au ventre. Mais la plupart du temps, il est gai, harmonieux, bien dans son corps, content de ses occupations.

    Il n'a pas de problème. Mais il en est un. Dans le monde tel qu'il est et tel que de plus en plus il devient.

Au Maroc

Quel plaisir d'imaginer les cruels frimas dont souffre la vieille Europe, en ce mois de janvier, tandis que l'on prend son petit déjeuner dehors, au bord de l'océan marocain, dans cette ville universitaire, située à une centaine de kilomètres au sud de Casablanca, sous prétexte de quelques cours à donner, pendant une semaine, au sujet de la littérature de son pays, Simenon, Toussaint, Savitzkaya, Lamarche, dans le cadre des études francophones.

Chaque jour, je m'installe de bon matin à la même table. Sur la plage, en contrebas, de grands adolescents jouent au football, tandis que, sur la jetée, circulent des garçons équipés d'un nécessaire à chaussures : ils travaillent, eux, cirant les souliers, les bottes ou les bottines pour quelques sous. L'un des cireurs attire particulièrement mon attention : non seulement son regard, magnifique, brillant d'une intelligence vive et précoce, me rappelle celui des beaux voyous dans les films de Pasolini, mais, surtout, il a exactement la taille et la corpulence de Robinson, ce même petit air solide et décidé, ces épaules larges, cette tête carrée : peut-être ont-ils le même âge, l'enfant qui doit déjà gagner sa vie et celui qui semble ne jamais vraiment devoir commencer la sienne.

J'ai l'impression que le petit cireur n'est pas content de son sort et qu'il regarde avec mépris les flandrins efflanqués qui peuvent se permettre de jouer au ballon à quelques centaines de mètres de lui. De son côté, sans doute se rend-il compte de l'intérêt que je porte à sa personne et à sa condition — sans savoir quelle est la nature exacte de cet intérêt : voilà qu'il s'adresse à moi, ce que n'ont jamais osé faire ses concurrents, et me propose, en français, ses services. Que convient-il de faire dans pareille situation ? Accepter, c'est participer à un système détestable qui veut que les enfants travaillent. Refuser aussi, en un sens. Ma bonne et ma mauvaise consciences sont déjà de trop, ma présence est déjà de trop. Au fond, je préfère les frimas européens : mais mon absence n'arrangerait en rien les affaires du petit cireur pour qui un client, c'est un client. Lui donner de l'argent ? Ce serait l'humilier : il a un travail honorable et n'est pas un mendiant. Et même si je n'ai rien contre les mendiants... Bref, aucun parti ne me semble être le bon, dans cette situation sans issue, et c'est surtout par prudence, je l'avoue, que je refuse avec embarras de me faire cirer les chaussures, ce matin : hier, le ressortissant français avec lequel j'ai déjeuné m'a mis en garde en me racontant qu'il ne donnait plus aux petits mendiants depuis qu'en pleine rue un inconnu l'avait traité de pédophile... Le petit cireur enregistre mon refus sans broncher et poursuit sa triste route en baissant la tête. Je ne suis pas particulièrement fier de moi.

La veille de mon départ, en fin d'après-midi, alors que je sirote un jus d'orange à la même table, le petit cireur passe aux grands moyens : il s'agenouille devant moi sans crier gare, s'assied à mes pieds avec une paradoxale autorité :

— Je veux cirer tes chaussures, me dit-il.

Je le vois, en contre-plongée, qui m'adresse un regard malicieux et frondeur. Il ne ressemble pas du tout à Robinson ainsi — la situation est inversée, d'ailleurs, en général, je suis à genoux devant Robinson qui trône et non assis au-dessus de lui —, il est l'anti-Robinson, adulte prématuré là où Robinson est un nourrisson tardif, enfant auquel l'enfance est volée et enfant volant dans l'éternelle enfance... Pourtant ce sont deux garçons du même âge, condamnés à grandir, à mourir, à connaître la douleur, la faim, la soif, la peur.

— D'accord. Dis-moi combien cela coûte.

— C'est toi qui décides, Monsieur. Tu ne m'as rien demandé et tu me donneras les sous que tu voudras me donner.

Il sait donc que l'argent n'est pas soumis à la même échelle de valeur au Maroc et en France — car il me prend certainement pour un Français — et que, même en me voulant avare, je serai prodigue et généreux. Cette situation me gêne et je me tourne vers un vieil homme, qui a l'air d'un marabout, vénérable et sage, dans sa djellaba immaculée, et qui est assis devant un café serré à la table voisine.

— Monsieur, combien pensez-vous que je doive donner à ce garçon ?

— Donne-lui vingt dirhams, répond l'homme sans une hésitation.

Vingt dirhams : le petit cireur a l'air un peu déçu, mais le marché est conclu, il se met au travail.

Et si Robinson avait été non-autiste ? Et s'il avait été marocain ? Le petit cireur s'applique et réalise son ouvrage avec un soin méticuleux, usant de plusieurs brosses différentes, ne lésinant pas sur le cirage, par respect pour lui-même probablement : il doit savoir que, bientôt, son éphémère client retournera dans son lointain pays.

Ce qui devait arriver, malheureusement, arrive : cinq, six, sept, huit autres petits garçons surgissent d'on ne sait où en souriant et commencent à me demander l'aumône. Du regard, je cherche à nouveau de l'aide autour de moi, mais le vieux sage en djellaba blanche contemple l'océan d'un air impénétrable et ne prête aucune attention à cette situation tristement banale. Survient alors le garçon de café, qui crie en une langue que je ne comprends pas et qui chasse les enfants, comme des mouches, en faisant claquer son torchon. Il enguirlande ensuite celui qui est à ses yeux responsable de ces désagréments causés à son client. Le petit cireur répond dans la même langue tout en peaufinant son œuvre.

— Combien d'argent vous a-t-il demandé? m'interroge soudain le serveur.

— Vingt dirhams, réponds-je sur la défensive, en me sentant coupable de donner une si maigre somme (si maigre dans l'absolu comme au vu du travail effectué).

— Vingt dirhams? Mais vous vous êtes fait avoir, Monsieur! C'est le quadruple du prix!

Et il s'en retourne dans l'établissement, furieux et vexé. S'ensuit un silence. Le vieux sage me sourit de façon énigmatique. Le petit cireur range ses affaires. Puis il se redresse.

— Combien as-tu payé pour cela? me demande-t-il en désignant mon verre de jus d'orange presque vide.

— Dix dirhams.

— Cela vaut cinq dirhams, déclare-t-il alors, dévalorisant ainsi, avec un bel orgueil, le travail de celui qui s'est permis de déprécier le sien.

Son regard brille alors d'un feu impérial. Agamemnon remettant Achille à sa place de subalterne, Grand d'Espagne offusqué, Ahmad al-Mansur chassant les Turcs du Maroc. Il est aussi royal, même si c'est d'une tout autre façon, que Robinson sur son trône de faïence blanche. Mais ces royautés imaginaires et fantasmatiques ne diminuent en rien les profondes injustices du réel.

Aux pieds des pieds

Robinson joue gentiment à côté de moi dans la chambre. Comme je suis fatigué, j'ôte mes chaussures et m'étends sur mon lit, un livre à la main, une bonne bande dessinée, tiens, pour varier un peu les plaisirs, *Le train où vont les choses*, dernier album de *Philémon* publié par Fred juste avant de mourir. Robinson s'approche alors de mes pieds et se met à les renifler avec ardeur. Une grimace chiffonnant son si joli petit visage me confirme ce que je savais déjà : les effluves qui émanent des extrémités de mes membres inférieurs n'ont rien d'un parfum hespéridé. Leur note de fond comme leur note de cœur n'appartiennent certes pas à la famille olfactive des semi-ambrés fleuris. Mais, pour être mauvaise, cette odeur n'en est pas moins intrigante, ou intéressante, ou attirante ou que sais-je : par trois fois, Robinson vient y goûter derechef, comme s'il s'agissait de la senteur du santal, du *N° 5* de Chanel ou de *L'Eau d'Issey*.

Dans les escaliers

Robinson est prudent dans les escaliers. Il les gravit ou les descend toujours lentement. Si, quand il monte, il met, comme tout un chacun, le pied droit sur une marche et le gauche sur la suivante, en revanche, lorsqu'il descend, le gauche rejoint toujours précautionneusement le droit, sur la même marche, avant de gagner ensuite, de la même manière, le degré inférieur. En outre, dans un sens comme dans l'autre, il a pris l'habitude de sacrifier à une petite pause sur l'un des paliers en encastrant son corps bien droit dans un coin, toujours le même, entre deux murs aveugles peints en jaune ocre, telle une sentinelle au fond de sa guérite.

Comme j'exploite toujours chaque seconde de liberté, souvent j'en profite — dévalant l'escalier à grandes enjambées — pour vite faire un détour par mon bureau, y déposer un livre et regagner la cuisine quand il y arrive de son train de sénateur.

Ce soir, lors du repas familial, Robinson est surexcité. J'interromps avec regret une conversation avec son demi-frère, sa demi-sœur, sa belle-mère et ses sœurs par alliance pour m'isoler en sa compagnie, en haut, dans nos chambres contiguës. Il s'engage dans l'escalier et semble décidé à le monter de son rythme mesuré. Je le suis durant trois marches puis, pour apaiser ma frustration, je me précipite dans la cuisine et embrasse rapidement les uns et les autres et leur distribue des «Au revoir» pleins de regrets précipités.

Trop tard. Un éclat de rire s'élève, aérien, triomphant, impérieux, dans la cage d'escalier et semble trouver son pendant aquatique avec un bruit de cascade : Robinson, Manneken-Pis hilare et vivant, a baissé son pantalon et son lange, et a lancé son urine par-delà les marches qu'il venait de gravir.

Au jour le jour, II (injonctions paternelles)

Regarder ce qu'il fait, apprendre à lire debout. Travailler partout, aux aguets, dans le discontinu. Porter partout son ordinateur portable.

Regarder ce qu'il fait. Le conduire aux toilettes dès qu'il se réveille, même s'il regimbe d'un air encore assoupi — ou alors changer, quelques minutes plus tard, des draps entre-temps gorgés d'urine. Regarder ce qu'il fait. Éteindre sa veilleuse devenue invisible dans la lumière du matin. Regarder ce qu'il fait. Replacer, entre son sommier et son matelas, la planche qui l'empêche de transformer son lit en trampoline. Remettre la petite pièce qui bouche la prise de courant après avoir passé l'aspirateur dans sa chambre. Refermer la fenêtre à clé. Lui retirer des mains la bouteille dont il vient de s'emparer. Aller rechercher son jouet préféré en haut de l'armoire. Regarder ce qu'il fait. L'aider à récupérer, au fond du pot, les dernières cuillerées de yaourt à la fraise. Couper sa viande. Lui servir à boire. Éponger l'eau qu'il a renversée par terre. Regarder ce qu'il fait. Remettre ses chaussures. Le tenir par la main. Le moucher. Le torcher. L'embrasser. Lui parler (tout de même). Regarder ce qu'il fait.

À la piscine

Robinson commence à rire dès qu'il reconnaît le parking dans lequel je gare ma voiture. La piscine. Il rit même tellement fort qu'il éprouve quelques difficultés à tenir debout en marchant vers la porte d'entrée. À l'intérieur — il fallait s'y attendre avec ce beau temps —, une file impressionnante et très disciplinée se dresse devant nous, barrant l'accès aux bassins déjà bruyants même à distance. Nous nous plaçons en bout de queue. Robinson, profitant de son élan, continue à rire, heureux de la perspective qui se présente à lui. Je commente à voix haute son hilarité, feignant de l'interpeller : «Toi au moins, tu te réjouis!», alors que je m'adresse secrètement à celles et ceux, autour de moi, qui s'étonnent de son attitude. J'ai honte de mon subterfuge, honte de me soucier plus d'autrui que de mon fils. Celui-ci me rappelle d'ailleurs aussitôt à lui : son rêve s'interrompt subitement et il tire sur mon bras et commence à grogner, me signifiant que cette activité-là ne l'intéresse nullement.

Quel intérêt trouves-tu, papa, à marcher très lentement, de façon presque immobile, derrière d'autres gens? C'est à la piscine que je veux aller. Nous retrouvons le problème récurrent des files d'attente, déjà évoqué *supra* au sujet des attractions foraines : j'ai beau expliquer à mon fils qu'il faut payer pour entrer, le combat est de plus en plus rude. Robinson se laisse tomber à terre. Il m'est arrivé, dans ce genre de situation, de bénéficier de la compréhension de mes semblables et de dépasser tout le monde en répétant des mercis souriants et confus. Mais là, non. J'ai affaire à d'autres parents, redevables de l'impatience d'autres enfants — ce qui justifie pleinement leur soudaine surdité : sans doute ferais-je pareil à leur place. Pour finir, je prends mon fils dans les bras. Il se débat, ce qui provoque un lancement dans mon dos.

Notre tour approche. C'est notre tour. La caissière fronce les sourcils : les cris de Robinson ne lui permettent pas d'entendre ma requête — que je répète, en articulant posément :

— Une entrée enfant, une entrée adulte.

— J'avais compris, merci.

La grande difficulté consiste alors à lâcher Robinson de la main gauche pour m'emparer de mon portefeuille, le poser vite sur le comptoir, saisir le premier billet qui se présente — j'ai probablement le compte exact mais tant pis. L'eau monte, l'eau bout, s'agite sur mon côté droit tandis que je récupère la monnaie. Je transpire à grosses gouttes. Ouf, nous y sommes. Nous passons la porte. Les cris des enfants indiquent de façon indubitable à Robinson la direction la plus courte vers les bassins. C'est par là, veut me persuader une secousse au bout de mon bras. Et pourtant, malgré ses injonctions, je me dirige dans la direction inverse : vers les vestiaires. Nous nous enfermons à deux dans une cabine qui me semble à chaque visite plus étroite.

Il s'agit à présent de se montrer rapide et efficace : j'ai pris la précaution, à la maison, pour gagner deux secondes précieuses, d'enfiler mon maillot sous mon pantalon. Une fois en tenue *ad hoc*, j'extrais, du grand sac en plastique qui contient nos affaires, à la fois le maillot de mon fils et — il ne faut surtout pas l'oublier — la pièce de cinquante centimes nécessaire au bon fonctionnement du casier-consigne dans lequel il me faudra bientôt enfermer nos vêtements. Comme ma tenue aquatique n'est pas munie de poche, je glisse la pièce entre mes lèvres, ainsi qu'un vieux mégot, et j'enfonce mes vêtements dans ma trousse pour enfin m'occuper de Robinson. Auparavant, je lui mettais un petit slip de bain traditionnel, semblable au mien. Mais, comme il ne nage pas, son corps se refroidit vite dans l'eau et se met à trembler. Cela ne l'empêche pas de vouloir prolonger les jeux aquatiques, en affichant un viril mépris pour les rhumes et les bronchites auxquels il est pourtant souvent sujet. Il s'ensuit un combat douloureux — qui noircit la fin de la fête. Aussi ai-je opté pour une de ces combinaisons isothermes à la mode aujourd'hui et Robinson sort de la cabine avec un petit air de surfeur qui, ma foi, lui sied à merveille. Je souris, content rien qu'à le voir, pour une fois, sans lange sur les fesses.

Robinson est calmé — mécaniquement calmé, par usure naturelle de l'impatience. Et, toujours en le tenant par la main, je parviens sans trop de difficulté à fourrer notre barda pêle-mêle — ma montre, mes clés et mes lunettes à l'abri au fond de ma chaussure gauche — dans le casier métallique uniformément gris que la pièce de cinquante centimes m'a permis d'ouvrir.

Nous profitons des premiers beaux jours. L'hiver, cette année, a pris son temps. Il est revenu plusieurs fois à la charge alors qu'on s'en croyait quitte, relançant par surprise une offensive von Rundstedt de flocons en plein mois de mars, inlassable comme la mer, comme une vague refusant la marée basse — si bien que le printemps, enfin triomphant, a des allures d'été : pour rattraper le mauvais temps, il en oublie la douceur et brûle trop vite les peaux impatientes de se libérer des couches et des couches de vêtements. Aussi la piscine est-elle prise d'assaut — comme si déjà, après deux jours de soleil, nous avions besoin de fraîcheur.

Je regrette un peu cette situation météorologique, car je préfère le printemps à l'été, la promesse de beaux jours aux beaux jours — voire la fin du mauvais temps au beau temps. Une douleur qui s'interrompt n'équivaut-elle pas à la plus vive des jouissances ?

C'est peut-être la conception du plaisir que s'est élaborée Robinson, qui a pris l'habitude de se mordre férocement l'index droit, à tel point que celui-ci s'en trouve boursouflé, craquelé, vieilli : peut-être éprouve-t-il une vive volupté à sentir l'effet de la morsure disparaître. Pour l'instant, en revanche, il est tout à fait hilare tandis que nous prenons un bain de pieds — pratique obligatoire — dans le couloir étroit qui conduit aux bassins. Quant à moi, j'ai envie de me boucher les oreilles, tant sont assourdissants les cris des enfants et des adolescents que réverbèrent l'eau et les baies vitrées. Au moins, me dis-je, ici, les sons étranges qui sortent de la bouche de mon fils passeront-ils inaperçus : ils ne dérangeront personne.

Nous nous arrêtons à l'entrée de la grande salle qui contient deux bassins, l'un pour les nageurs, l'autre pour les enfants, où ceux-ci « ont pied », comme on dit, partout. La lumière s'allie au bruit. Nous sommes éblouis par le soleil qui traverse la grande baie vitrée, à la façon d'une cohorte de chars d'assaut remontant un boulevard, et se réfléchit dans l'eau chlorée. Je demeure un instant interdit, devinant, sans le secours de mes lunettes, à travers le battement de mes paupières, une humanité extrêmement mobile et criarde. Le grand bassin est divisé en deux, dans sa longueur, par des flotteurs rouges et blancs disposés parallèlement. La première moitié est réservée aux infatigables sportifs qui nagent en ligne droite, à des allures diverses, les uns peaufinant une remarquable condition physique, les autres luttant contre l'âge ou contre une surcharge pondérale ou encore contre ces deux maux réunis ; la seconde moitié du bassin, beaucoup plus désordonnée quant aux mouvements qui l'animent, bouillonnante, éclaboussante, cacophonique, est vouée au jeu : un grand toboggan jaune y aboutit après avoir tournicoté sous le plafond, être sorti du bâtiment proprement dit, sous forme de tube fermé, en passant à travers la baie vitrée, pour revenir finalement dans l'espace de la piscine et amerrir avec éclat.

Me voilà en maillot, avec un bonnet ridicule sur la tête, d'où sortent mes cheveux un peu trop longs, tenant Robinson par le bras et contemplant une humanité vêtue de tenues de bain et coiffée, elle aussi, d'absurdes bonnets. Elle est sympathique, ainsi, l'humanité : à part l'un ou l'autre garnements qui s'éclaboussent, les humains ne se font guère la guerre, en maillot. Ils sont bonhommes avec leur bonnet, populaires et patauds en pataugeant et, même s'ils nagent le plus vite qu'ils le peuvent, repliés sur eux-mêmes, concentrés, comptant les longueurs et les secondes, ils ne font de tort à personne. Mais ils ne sont pas très beaux, non, ni les hommes ni les femmes, en maillot et en bonnet. C'est l'inverse du juste milieu : c'est l'injuste milieu. Habillés, ils se montrent capables d'une ingéniosité sans limites pour mettre en valeur leurs atouts et pour masquer leurs défauts, améliorant la Nature qui les laisse toujours insatisfaits. Nus, ils sont nus :

les choses se remettent en place — qu'ils soient trop maigres ou trop gros, mal taillés, vieillissants, ils ont le mérite d'affronter la vérité de cette Nature ingrate et une sorte d'équilibre se laisse pressentir dans la laideur même — sans compter les sexes, je veux dire les appareils génitaux, horribles, monstrueux ou magnifiques et merveilleux, comme on voudra, mais de toute façon fascinants. En maillot, rien de ce qui pourrait être beau n'est valorisé. Pire : l'élastique du slip de bain fait ressortir même les ventres plats. Quant au bonnet, il parachève l'ensemble d'une touche exquise. Habillé, l'on peut être impérial. Nu, insolent. En maillot, l'on est ridicule. Seuls les enfants, à la rigueur, qui ici crient et courent, parviennent à faire oublier le grotesque de leur tenue.

Nous nous dirigeons bien entendu vers le petit bassin. Celui-ci est lui aussi divisé en deux parties par une ligne de flotteurs — bleus ceux-là : le côté gauche est réservé aux leçons de natation, données, à un groupe de petits enfants baptisés «Les Têtards», par deux jeunes femmes plutôt costaudes, Lindsay et Alisson (informations que je relève sur des tee-shirts orange vif superposés à leur maillot). La seconde partie du bassin est presque vide et semble une oasis de paix et de calme si on la compare à la zone où aboutit le toboggan tumultueux.

Cependant, à mon grand étonnement, Robinson refuse de s'approcher de l'eau. Il prend place le long d'un mur de brique rouge orangé et demeure immobile, riant toujours du spectacle. Quel parti prendre ? Je m'installe près de lui, en le tenant par la main. Au fond, je ne suis pas plus mal là que dans l'eau froide. Je sais que, de toute façon, je ne pourrai pas le laisser seul pour aller nager dans les grandes profondeurs afin d'affiner ma musculature. Alors rester au bord ou patauger dans le petit bassin, qu'est-ce que cela change ? Je suis quand même là pour faire plaisir à Robinson.

Malgré ma théorie sur les maillots, mon regard a tôt fait de s'attarder sur quelques baigneuses qui ne s'en tirent pas si mal que cela, finalement, avec leur une-pièce à la coupe sportive et leur bonnet hyperserrant. Évidemment, deux circonstances m'empêchent de bien en juger : ma myopie et l'absence de mes lunettes, ce qui m'oblige à ralentir mes regards, à leur laisser un peu de temps pour régler leur focale défaillante. Une baigneuse me remarque : sans doute se méprend-elle sur mes intentions et confond-elle ma myopie avec du voyeurisme. Et mon étrange immobilité sèche et muette n'est pas de nature à la rassurer. Je me sens tenu, par respect, de porter mes yeux ailleurs et je me mets à contempler un bout de jardin de l'autre côté de la baie vitrée, à quelques mètres de nous. Trois pâquerettes se répartissent dans l'herbe, formant un triangle isocèle, ou presque, comme si chacune d'elles avait délimité son territoire par rapport aux deux autres. Je porte un bonnet rouge et blanc dont l'élastique se détend et un maillot noir, ceinturé par une ficelle blanche que j'ai pris soin d'attacher au moyen d'un double nœud pour éviter de le perdre en plongeant, et cette tenue prosaïque ne m'empêche pas d'être étrangement ému par ces trois petites fleurs pâles et poétiques dont je connais le nom depuis toujours : «Tout n'est pas perdu, me dis-je spontanément. Mon enfance n'est pas encore tout à fait morte.»

Bien entendu, songé-je ensuite, pas plus qu'un autre, je ne crois au bonheur. Je sais, comme tout un chacun, qu'il s'agit d'une chimère : longtemps exploité par les religions, qui le promettaient dans l'au-delà, le bonheur, en tant que concept, a été récupéré assez récemment par les marchands de grille-pain, de canapés, d'ordinateurs, de shampoings ou d'automobiles, qui vous garantissent la jouissance ici-bas. Pourtant, même s'il n'existe pas, je l'ai rencontré, le bonheur. Mais au passé. Le bonheur, c'est mon enfance. Plus précisément : les vacances de mon enfance dans la maison de mes grands-parents, à la campagne, quand je partageais mon imaginaire fécond avec mon frère César, débarrassé du tracas de l'école, des insupportables devoirs et de la méchanceté des camarades, entouré par une double couche d'absolue bienveillance, celle de mes grands-parents, celle de mes parents, jouissant d'un temps infini, me réveillant des seules grâces de la fin du sommeil, le soleil laissant deviner sa caresse à travers les pans des volets, me levant dans un corps sans douleur, parfaitement ajusté à ma taille et à mes mouvements, l'imagination emplie des mille trouvailles qui allaient peupler la journée, ne souffrant ni du froid ni de la chaleur, profitant de tout, même de la pluie, m'envolant à vélo sur la petite route conduisant aux rochers que nous escaladions avec ferveur, impavides et sans peur, trouvant, quand la faim risquait de se ressentir, un repas toujours prêt par miracle au bon moment, qui nous plaisait toujours et qui ne nous avait coûté aucun effort, qu'il ne m'avait fallu ni planifier ni préparer. Chaque instant était un instant de plaisir facile, profond et tendre. Même aller au «petit coin» était délicieux : dans l'odeur fade de mes excréments d'alors, je lisais des magazines de bandes dessinées avec ravissement. Liberté, douceur et insouciance.

Quoi qu'il en soit de mes souvenirs, la situation a assez duré et le petit-bourgeois en moi ne peut réprimer l'adage mesquin qui veut que, puisqu'on a payé pour aller dans l'eau, il faut aller dans l'eau. Ce serait de l'argent jeté par les fenêtres — bien qu'on ne paie pas de supplément en demeurant sur le bord. J'essaie donc d'entraîner Robinson vers le petit bassin. Mais il se cabre, s'assied sur le sol de béton inconfortable et râpeux, grognant pour me signifier que sa décision est prise : il ne bougera pas. Un maître-nageur, qui a l'avantage sur les autres humains de n'être pas en maillot — mais qui ne porte pas pour autant une robe de bal —, nous regarde un peu étonné et me sourit, l'air de dire : «Ah les enfants! ils ne savent pas ce qu'ils veulent!» et, à voix haute, sans avoir l'air de trop y croire, en passant devant nous, il lance rapidement à Robinson : «Courage, mon garçon, il ne faut pas avoir peur de l'eau!» Je détourne cet encouragement de façon qu'il s'adresse à moi plus qu'à mon fils : je prends le risque de lui lâcher la main, de faire les deux pas qui me séparent du petit bassin et, hop, d'un bond me voilà dans l'eau froide. Je me tourne vers Robinson en espérant qu'il va me suivre. En fait, je ne me fais guère d'illusion : un oui-autiste n'imite jamais autrui. Il suit son propre chemin. Pour lui, ni bon ni mauvais exemple, ni envie ni jalousie : il fait toujours ce qu'il doit, selon des normes impossibles à comprendre pour un non-autiste. Je l'appelle tout de même et ma voix se perd dans le vacarme ambiant. Je suis debout et l'eau arrive en haut de mes cuisses, juste à fleur de maillot, ce qui me semble soudain un peu indécent — davantage que d'être debout hors de l'eau, selon une logique tout bonnement absurde. Je m'assieds, bouge un peu pour me réchauffer, mais je ne perds jamais Robinson des yeux, de peur qu'il ne se mette à courir je ne sais où. Le voilà qui se lève et se dirige vers l'eau. Il y trempe la main, barbote un peu. Mais, voyant que je m'approche, il bat en retraite et regagne sa place de départ le long du mur. Déçu, je tourne à nouveau mon regard vers les trois pâquerettes. Malheureusement, à cause d'un changement de perspective, les pauvres fleurs perdent de leur intérêt. À moins que ce ne soit pas leur disposition qui ait changé, mais mon regard. C'est seulement en me prenant par surprise qu'elles pouvaient m'émouvoir un instant. Là, je n'en ai plus rien à foutre des pâquerettes, à vrai dire. Et mon enfance jamais n'a été aussi loin de moi. Peut-être est-ce une constante : quand je suis avec Robinson, je suis tout à fait un adulte, comme si je n'avais jamais été un enfant, comme si mon fils oui-autiste ne laissait plus de place à l'enfance en moi — ou alors une enfance tout à fait autre que la mienne, une enfance que je n'ai pas vécue, que je vis maintenant à travers lui, une enfance à sa mesure.

Robinson, soudain, prend un drôle d'air, que je connais trop bien. Et son maillot-combinaison-de-plongée-bien-étanche se met à gonfler à hauteur de son entrejambe. Je sors de l'eau. À un mètre de lui, cela sent déjà horriblement l'urine. Cette fois, il faut agir sans barguigner ! Mais Robinson refuse de me suivre, croyant sans doute que je veux le pousser dans la piscine. Aux grands maux, les grands remèdes, je décide de le porter de gré ou de force. Il se débat une fois encore et je dois faire un effort violent pour m'emparer de lui, effort qui se répercute dans mon dos par le truchement d'une douleur, que je connais bien elle aussi. Heureusement, les douches ne sont pas loin. Robinson, un peu étonné du tour que prennent les événements, quitte mes bras et se laisse déshabiller. D'autres petits garçons circulent autour de nous, mais cela ne le gêne guère : il n'a aucun sens de la pudeur. L'été dernier, alors qu'il ne possédait pas encore de combinaison, il avait lui-même enlevé son slip de bain à l'entrée des vestiaires et, sans que je m'en aperçoive, l'avait jeté dans un casier, à la stupéfaction de son cousin germain, qui nous accompagnait alors et qui était atrocement gêné à sa place. Mon neveu m'avait aidé à retrouver le maillot en question, mais il s'était montré incapable de ramasser l'objet du crime, se contentant de me le désigner prudemment.

Une fois qu'il est nu, je prends à nouveau Robinson dans mes bras et nous nous glissons ensemble sous la douche. Il sursaute d'abord, puis semble y prendre goût, se gardant tout de même, par des torsions vers le haut, de se mouiller le crâne ou la figure. De ma main demeurée libre, je tourne et retourne la combinaison sous le jet pour la rincer elle aussi.

Faire et défaire, c'est toujours travailler, dit-on : Robinson est à présent re-emmailloté et, puisque nous sommes mouillés et que je le porte à nouveau, je décide d'entrer à deux dans le petit bassin sans lui laisser le temps de se ressaisir. Alors qu'il s'agrippe à mon cou frénétiquement, en passant très vite du rire au cri d'effroi, je m'agenouille lentement dans l'eau. Il se libère immédiatement à la fois de mon étreinte et de sa peur et prend le large, libre comme la théine ocre qui, au contact du liquide bouillant, sourd du sachet où elle est enfermée. Il frappe alors l'eau de ses deux mains, faisant jaillir autour de lui des milliers de petits geysers hilarants. Satisfait moi aussi, je suis à deux doigts de pousser de petits cris semblables aux siens. Après quelques instants, tout en le surveillant, je m'adonne quelque peu à la brasse, pour me réchauffer, mon torse raclant le sol trop proche et mes pieds y cognant leurs orteils. Un garçonnet qui s'amuse à marcher en arrière m'oblige de toute façon à m'arrêter presque aussitôt. Seul adulte dans le petit bassin, les jambes pliées en canard, je vois arriver soudain, d'on ne sait où, tout un groupe d'enfants, ayant entre cinq et sept ans, si nombreux et surtout si mobiles qu'il est tout à fait impossible de les compter. Ils sautent, ils plongent, sortent et rentrent dans l'eau sans raison apparente, se disputent une planche molle qui flotte mollement, font des cumulets aquatiques, nageotent, s'éclaboussent, multiplient les mouvements rapides, incompréhensibles et saccadés. De tailles et de corpulences diverses, ils sont tous différents les uns des autres et leurs maillots arborent une grande variété de couleurs vives et de motifs, fleurs exubérantes, animaux exotiques, figures géométriques, personnages de fiction, Mickey, Spiderman, Winnie l'ourson, l'ensemble illustrant notre temps de façon aussi complète que le bouclier d'Achille l'époque mycénienne, mais ces enfants aux irréductibles identités tournent tellement vite entre l'air et l'eau qu'ils ne forment à mes yeux qu'une seule sarabande indistincte, une armée de guérilleros compacte et inoffensive, attaquant de partout avec des balles à blanc liquides. J'envie non seulement l'insouciance que je suppose en leur esprit, mais aussi la capacité de ces petits corps qui se dépensent sans avoir l'air de produire le moindre effort — corps pleins correspondant à leurs limites, denses, serrés, sans courbatures, presque indestructibles —, comme des sphères qui s'entrechoquent dans le vide et dont nous, les adultes, nous cherchons à maîtriser l'énergie atomique. Un frêle galopin galope dangereusement sur le bord tout en s'assurant que ses bouées en forme de manchons sont bien ajustées à ses bras. Une petite fille glisse, avec un sérieux que rien ne semble pouvoir entamer, sur un minuscule toboggan fixé au bord de l'eau. Un garçon, dont le bonnet ronge les sourcils, frappe sa sœur (ou sa cousine), un autre pleure en montrant, à son pied, une petite coulée de sang… Du coup, je m'aperçois que Robinson, dans son coin, près du bord, a cessé de frapper l'eau du plat de la main. Il me regarde le regardant et son sourire devient si malicieux que j'éprouve le besoin de m'approcher de lui : il est trop tard, il se penche et boit une grande gorgée d'eau finement chlorée. Pourquoi lui dis-je qu'il ne peut pas — ou qu'« on » ne peut pas, comme si je tenais, pour me montrer le plus persuasif, à formuler une loi universelle plutôt qu'un interdit ciblé ? Je sais qu'il le sait puisqu'il me sourit avec des yeux de coquin. Du moins a-t-il compris que je ne voulais pas qu'il boive de cette eau — de même que je l'empêche de goûter à celle de son bain pleine de savon. Mais il ne s'agit pas d'un interdit : c'est un caprice de grande personne, à ses yeux, qu'il est de bon ton, et très amusant, visiblement, de contrarier.

Pour le distraire, j'essaie d'enclencher un jeu : je le soulève et nous sautons tous les deux dans l'eau. Robinson adore cela et recommence à rire — mais, soudain, comme pris par une idée sérieuse, il lâche mes mains, s'écarte de moi et se rapproche à nouveau du bord. Hop, avant que je puisse intervenir et même si c'était prévisible, il avale encore une belle goulée d'eau.

Sauf en me collant à lui et en le contraignant physiquement à ne pas se pencher, d'un geste de la main qui doit être énergique — et donc violent —, je ne parviens pas à l'empêcher d'ingurgiter ainsi l'eau de la piscine. Tout en me demandant quel plaisir il peut y trouver, je me résous à déjà lever le camp — je ne vois tout simplement pas d'autre solution. Il n'est pas content, mais tant pis. La combinaison qui le protège du froid n'aura donc pas servi à grand-chose.

Après un nouveau passage par la douche, tenant Robinson d'une main et, de l'autre, encore trempée, récupérant nos vêtements et nos chaussures, je songe soudain à toutes les piscines que j'ai fréquentées dans ma vie — en me disant que ce moment a toujours été hautement désagréable : on n'éprouve plus aucun plaisir à être mouillé, on a toujours un peu froid, même en été, les vêtements tenus à bout de bras sont menacés par cette masse d'eau que l'on a quittée et dont des résidus nous accompagnent sur tout le corps, des cheveux (malgré le port obligatoire du bonnet ridicule) aux plantes des pieds... Il n'est pas plus confortable, ce moment, avec un Robinson mécontent à mes côtés.

Je cherche une cabine libre — elles sont toutes occupées par de nouveaux arrivants. Tout en traînant Robinson dans mon sillage, je me retourne, gagné par le vague sentiment d'avoir perdu quelque chose : en effet, l'une de mes chaussettes est tombée sur le sol détrempé. Robinson ne comprend pas que je le force à retourner sur nos pas. De peur de tout renverser en me penchant, je lui demande de récupérer la chaussette et de me la donner. « Ramasse ! » Il s'exécute. Mais les cabines ne sont pas devenues libres pour autant. J'avise un vestiaire vide, prévu pour un groupe, scolaire ou sportif. Il n'est sans doute pas permis de s'y enfermer à deux, mais la loi est faite pour l'homme et non l'homme pour la loi : nous occuperons bibliquement les lieux.

Un petit peu mal à l'aise tout de même, je me dépêche de m'habiller, me séchant trop rapidement, écourtant surtout le moment de la nudité, de sorte que, quand je l'enfile, mon pantalon rechigne à glisser sur ma peau encore moite. Vient le tour de Robinson. À peine lui ai-je ôté sa combinaison que son pénis enfantin, au contact de l'air, libère un jet pressant de liquide inodore et transparent, impressionnant, irrépressible, souverain. Mon fils rend au vestiaire l'eau qu'il a prise au bassin. J'ai juste eu le temps de m'écarter. L'urine ne sent rien cette fois — l'eau n'ayant fait que traverser le corps.

En sortant, je songe à fuir comme un voleur

mais, au dernier moment, arrive une dame en tablier, à laquelle j'explique en deux mots l'incident. Je vais jusqu'à lui demander un torchon et une raclette pour éponger moi-même le liquide coupable. Sans doute ma requête est-elle quelque peu hypocrite : comment pourrais-je nettoyer le sol tout en tenant la main de mon fils ? En réalité, je compte sur la magnanimité de la dame que j'ai ainsi abordée. Je fais bien : celle-ci se montre compréhensive et me sourit quand je la remercie avec empressement.

Dehors, le soleil est toujours anormalement chaud : le printemps fait semblant d'être l'été, à la façon dont Robinson et moi faisons semblant d'être un père et un fils.

Dans la voiture, Robinson est calme, bien attaché sur son siège, à l'arrière. Plus de cris d'enfants réverbérés par les eaux. Je ressens une sorte de bien-être passager. Pour en profiter pleinement, je repousse de quelques instants le moment de démarrer le moteur. De nouveau, la sensation physique ravive le passé : d'autres fins de piscine me reviennent en mémoire, d'abord de façon imprécise, comme si une synthèse de ces moments s'emparait de mon esprit, comme si je créais un faux souvenir par collage en assemblant diverses piscines, divers états de mon corps, plusieurs âges et autant de saisons. Puis, de ce magma, de cette série indistincte, se dégage, petit à petit, un souvenir précis.

Mon frère et moi partageons une cabine avec mon père ; vu la taille gigantesque de celui-ci, je dois être encore petit : sans doute suis-je même plus jeune que Robinson aujourd'hui, je n'ai pas dix ans. Nous avons quitté le bassin : nous nous essuyons. Par-dessus mon père en contre-plongée, je vois la paroi qui semble à peine plus haute que lui et, plus haut encore, le plafond commun à tout le vestiaire. Profitant de ce moment d'intimité avec ses deux fils, mon père nous parle de Socrate et de Platon, des Grecs qui ont vécu il y a très longtemps. Rien ne m'étonne dans cette situation, cela me paraît normal : si l'on est avec papa, il nous parle. S'il nous parle, c'est qu'il veut nous apprendre quelque chose. Et s'il veut nous apprendre quelque chose, cette chose ne ressemble en rien à ce qui se trouve dans nos bandes dessinées ou à ce qui se raconte à la télévision. Donc pourquoi pas Socrate à la piscine ? Soudain, une grosse voix s'élève, venant d'au-delà des parois de notre cabine, du monde extérieur. C'est une voix d'homme, immense, furieuse. Elle crie notre nom de famille, mais s'adresse en fait à mon père seul, qu'elle interpelle sans juger nécessaire de prononcer son prénom. La voix ajoute : «Fous la paix à tes gosses !»

Quelques instants après, rhabillés, nous sortons et nous nous trouvons face à un type goguenard, que mon père reconnaît et qui se marre bruyamment : «Parler des philosophes grecs à ses moutards à la piscine !» Je comprends que ce n'est pas normal — que mon père n'est pas tout à fait comme les autres —, que tous les papas ne cherchent pas à apprendre à leurs fils qui est

Socrate, qui est Platon, qui est Freud, qui est Lacan. Il me serait plutôt difficile de suivre son exemple aujourd'hui.

Je tourne la tête vers l'arrière de la voiture : Robinson regarde toujours sereinement à travers la vitre et n'a pas l'air de s'étonner de notre immobilité. Il est très beau.

Au plus haut

« Plus haut ! Plus haut ! » crié-je à Robinson pour l'encourager à se défouler sur son trampoline. *Excelsior !* Toujours plus haut les petits crochets pour mettre à l'abri la clé de la fenêtre et la chaînette du rideau qui s'enroule. Plus haut, le portemanteau qui permet de placer hors d'atteinte la tenture à laquelle il est trop tentant de se balancer. Toujours rangées plus haut ses chaussures dont il aime à mâcher les lacets. *Excelsior !* Robinson grandit.

Devant la porte close

Ce non-autiste qui vit à ses côtés, Robinson lui prête des pouvoirs démesurés, par exemple celui d'ouvrir toutes les portes. Nous arrivons trop tard devant la librairie de mon ami Octave, rare magasin dans lequel j'ose entrer en compagnie de mon fils : les portes en sont lugubrement fermées. Robinson aime cet endroit, notamment en raison du gros fauteuil confortable qui se trouve à l'étage et dans lequel personne, à part lui, ne semble vouloir s'enfoncer, et il n'est pas content de ne pouvoir y pénétrer : il prend ma main et la pose sur la serrure, comme si mes doigts équivalaient à une clé universelle.

Dans mon cahier

Robinson, après m'avoir jeté à la figure un morceau d'aspirateur, après avoir déchiré deux livres, tenté de se déculotter alors que je me trouvais à un mètre de lui, puis s'être emparé devant moi par deux fois d'un flacon de parfum malgré mon interdiction, réussit enfin à me faire perdre mon calme et, de rage, je jette par la fenêtre le cahier dans lequel s'accumule la première version des petits textes ici réunis. Cela ne me prend qu'un instant, juste le temps de crier : « Je n'ai même plus envie d'écrire sur toi ! »

Qu'est-ce qui m'a pris ? J'ai immédiatement conscience d'avoir commis un geste similaire au sien — lui qui n'aime rien tant que de jeter un objet le plus loin possible. Je m'en prends à lui, à travers ces textes qui nous relient — mais surtout à moi-même, comme si je crevais délibérément la bouée de sauvetage grâce à laquelle j'évite la noyade. C'est un petit suicide — oui — qui me rappelle la façon dont Robinson se mord l'index de la main droite. Ma honte ne fait qu'augmenter ma colère et je me mets à hurler : «Tu vas me tuer!», comme si je voulais qu'il endosse la culpabilité de mon propre forfait — tout en sachant qu'il ne peut rien comprendre de mes mots ni de mes gestes — seulement souffrir du fait que je crie ainsi à tue-tête.

À vrai dire — à vrai mentir —, mon acte s'est voulu spectaculaire et autodestructeur, mais pas fatal : au moment de le lancer, je savais qu'il n'allait pas s'envoler, mon cahier, et qu'il tomberait soit dans la cour, soit sur la terrasse en bois qui la surplombe. Mais ai-je trop bien, trop mal visé? Le cahier est parti de côté et a atterri dans la corniche du toit de l'annexe de la maison.

Un plombier est tombé de ce toit et, si l'homme en question s'en est sorti par miracle, il n'est pas imaginable d'emprunter le même chemin.

Cette situation absurde me calme. Confiant Robinson à la garde d'Hélène, je descends dans la cave et j'y retrouve rapidement un très long manche, auquel peuvent se fixer divers outils de jardin. Cet ustensile a appartenu à mon père, qui aimait jardiner. Après sa mort, quand nous avons vidé la maison, il m'est revenu car je suis le seul à posséder quelques ares de verdure en pente, même si je ne m'en occupe guère. Je remonte muni de cette hampe bienvenue et jusqu'alors inusitée.

Le manche s'approche de mon cahier, mais cinq mètres de parcourus n'empêchent pas cinq centimètres de nous en séparer. Je retourne dans la cave. Où donc sont passés les outils censés s'emmancher sur cette hampe ? Cela doit être cela : un râteau et ceci — comment cela s'appelle-t-il donc ? une serpette ?

La serpette enclenchée sur son manche touche mes feuillets, mais, comme je suis à bout de bras, je n'arrive qu'à la glisser et non à la soulever, si bien que je risque de pousser le cahier plus loin au lieu de le rapprocher. Heureusement, je parviens à me servir du rebord de la corniche comme d'un levier et la serpette pose ses griffes entre deux pages. Je la retire et le cahier, docile, l'accompagne.

Peut-être n'ai-je jeté mon cahier par la fenêtre qu'afin de ressentir la satisfaction de le retrouver — presque intact — à la façon dont Robinson éprouve du plaisir quand il cesse de se mordre l'index droit. Toujours est-il que ce texte, longtemps impossible, nous unit, lui et moi. S'en séparer, c'était nous disputer, alors qu'il ne le lira jamais — et que, paradoxalement, je ne l'écris que parce qu'il ne pourra jamais le lire. Le texte établit ainsi entre nous une communication tout à fait paradoxale.

Dans une direction ou dans l'autre

Ces derniers temps, il arrive à Robinson de s'approcher de moi, de fermer les yeux et de se pencher dans ma direction, sans vraiment me toucher, et il attend, jamais très longtemps : je le serre alors aussitôt dans mes bras et il se blottit contre mon flanc. Malheureusement, sur ce plan, mon fils n'est pas régulier : les périodes câlines alternent avec des périodes de franche méfiance. Robinson, quoi qu'il veuille, se prépare alors mentalement au «non». Si nous nous promenons, il m'entraîne au moyen d'une pression plus que suggestive vers le lieu où il désire se rendre, même quand c'est déjà la direction que nous empruntons.

Dans la bibliothèque

Si la modernité s'écrit dans le refus de la tradition, alors l'autisme est moderne. Si l'artiste moderne ne craint aucun interdit, alors le oui-autiste vit sa vie comme une œuvre moderne.

Robinson est un enfant anarcho-oui-autistique qui ne respecte aucun «Non!». Malgré mes sermons et mes reproches, il vient de déchirer son dernier livre d'images, page après page.

Dépité, j'ai jeté les déchets de *L'Imagerie des animaux sauvages* dans la corbeille à papier de ma chambre — chambre qui jouxte la sienne.

Si le classicisme est désir d'ordre, d'harmonie et de permanence, les oui-autistes sont des artistes classiques : Robinson est allé rechercher dans ma poubelle chacun des petits morceaux de papiers glacés colorés et, patiemment, les a rangés sur son étagère — là où, il y a peu, s'alignait une jolie collection de livres pour enfants.

Dans l'ordre ou dans le désordre

Robinson est d'accord avec Paul Valéry : «Le monde est menacé par deux choses : l'ordre et le désordre.» Il le dirait peut-être avec d'autres mots, s'il savait parler. Et comme il ne parle pas, il ne le dit pas, il le fait. Un de ses jeux favoris consiste à vider le contenu d'une boîte par terre, puis à la ranger. Par exemple, la boîte en carton qui contient des balles de plastique creuses, multicolores et légères. Si, alors qu'il les remet une à une dans la caisse, je lui annonce que nous allons descendre pour manger, il me lance un regard anxieux qui semble signifier : «Je ne supporterais pas de quitter ma chambre en la laissant dans un tel état, il faut finir de ramasser les balles, donne-moi donc un coup de main!» Comme ce souci valéryen me paraît louable, je me mets à la tâche, en vitesse pour éviter que le repas ne refroidisse. Mais, une fois que toutes les boules sont à leur place, juste avant de sortir de la pièce, mon fils se ravise et, d'un geste autoritaire, retourne la boîte, les boules s'éparpillant aussitôt un peu partout, sous le lit et les armoires. Entre le fascisme et l'anarchie, pas de doute pour Robinson : l'ordre constitue une menace plus dangereuse que le désordre.

Aux terrasses des cafés

Dans la ville se peuplent les terrasses en raison exacte de la clémence du temps. Main dans la main de Robinson, je passe devant des dizaines d'hommes et de femmes assis qui devant une bière, qui devant un vin rosé, qui devant une néo-limonade d'origine américaine. Par prudence, je me place entre Robinson et les tables que nous longeons, de peur que mon fils ne s'empare d'un verre vide ou plein, d'un cendrier ou d'un paquet de cigarettes. La permanence de mon souci paternel contraste avec la détente apparente de mes contemporains attablés, par deux ou par groupe, sous le premier soleil du printemps.

Suis-je jaloux de leur insouciance, de leur inaction, de leur verre de bière ? Il me semble que non : mon existence est si pleine que je n'ai guère le temps de m'en imaginer une autre. Je suis dans ma vie avec Robinson comme un oui-autiste est dans sa bulle autistique, sans dehors, sans extérieur, sans convoitise.

Au supermarché, II

Les épices se trouvent — je le sais, ma mémoire réserve un espace au stockage de cette information-là — au bout du rayon qui propose aux clients des boîtes de conserve contenant petits pois ou épinards, puis les même légumes encagés dans des bocaux. Il en va ainsi en tout cas dans le supermarché que je fréquente personnellement — je ne sais pas ce qu'il en est ailleurs, mais les variantes sont peu nombreuses en la matière, même quand on traverse une ou deux frontières proches. En face des épices sont rangés les produits oléagineux. Je m'empare de l'huile d'olive que nous consommons d'habitude et que renferme une bouteille de verre en forme de parallélépipède rectangle. Je la place loin à l'avant du chariot, c'est-à-dire loin de Robinson, qu'une fois encore je suis parvenu à glisser dans le petit siège réservé normalement aux enfants beaucoup plus petits. Je lui souris : il chipote avec un brin de scoubidou d'un jaune uniformément jaune. Que cela ne m'écarte pas de ma mission : il me faut à présent acquérir de l'estragon.

L'étal des épices ne ressemble à aucune autre devanture des supermarchés. Il a son caractère propre, tout à fait typique, idiosyncrasique, pourrais-je dire. Les pots, tous de la même taille, sont disposés sur des plans très légèrement inclinés, de sorte que, chaque fois qu'un client en retire un, celui qui se nichait derrière glisse en douceur et se retrouve naturellement au premier plan, demandant aussitôt à être acheté à son tour. De petites rampes en fer-blanc aident à ce déplacement naturel et séparent les différentes rangées de pots — chaque rangée étant vouée à une épice particulière. Chacun sait cela bien sûr — il en va de même, j'en suis cette fois persuadé, de tous les «Prisunic» (je viens de rencontrer ce mot dans un roman de Simenon) qui se sont partagé la France, la Belgique et le Luxembourg. Ajoutons néanmoins qu'une sémiotique particulière attribue un sens générique précis aux bouchons en plastique refermant les différents pots. Les herbes aromatiques, de l'impérial laurier à la modeste ciboulette en passant par l'inquiétant basilic et par l'origan d'Orient, la sauge et la sarriette, l'aneth et le thym, la coriandre et le persil, sont ainsi recouvertes d'un capuchon vert, tandis que la cannelle, le cumin, le curry, le curcuma, le pili-pili ont droit à un couvre-chef d'un brun orangé et que le gris indique la famille des poivres, dont les consommateurs peuvent apprécier un nombre impressionnant de variétés, noir, blanc, rose, vert et «à steak». Malgré ce langage des couleurs, je mets toujours un certain temps à trouver l'épice désirée. Accroupi, je cherche l'estragon, passant à plusieurs reprises mon regard sur les étiquettes correspondant aux bouchons verts.

Est-ce le même jour que, pour répondre à une question de Camille (la seconde fille d'Hélène), je suis allé m'enquérir sur Internet de divers chiffres démographiques? Je me suis alors aperçu que les Chinois n'étaient pas au nombre d'un milliard, comme je le croyais, ni bien sûr de 500 millions comme dans la chanson, mais d'un milliard 339,7 millions. Mon erreur est-elle grave? Si j'arrondis, un peu plus, un peu moins, cela peut se pardonner. Sauf que seuls 313,8 millions d'individus ont la nationalité américaine. J'éliminais de Chine, par mon ignorance, un plus grand nombre d'humains qu'il n'y a sur terre d'États-Uniens, y compris le Woody Allen chinois, le Lou Reed chinois, le Barack Obama chinois. Les Fils du Ciel dépassent les Yankees de plus d'un milliard d'individus uniques, solaires et dérisoires, partageant leur vie entre joie et peine et moi et moi et moi je suis accroupi à la recherche d'estragon lyophilisé.

Il me faut cette fois non pas balayer rapidement les étiquettes mais reprendre mon exploration pas à pas, étage par étage. Cependant, je songe soudain que, quelle que soit la démographie de la Chine, cela fait au moins quarante-cinq secondes que je n'ai plus croisé Robinson du regard. Et presque spontanément — ou plutôt au prix d'une microdélibération ultrarapide —, je décide de tourner la tête pour vérifier qu'il joue toujours gentiment avec son scoubidou. Bien m'en prend : je me redresse d'un bond et saisis la bouteille d'huile d'olive dont il a réussi à s'emparer et qu'il s'apprête (tout bonnement) à jeter par terre. Je replace le récipient, bien à l'abri sous d'autres victuailles, puis reprends ma quête — pour m'apercevoir assez vite que l'estragon en question est manquant. Un couloir vide s'ouvre en effet juste devant moi, quelque peu effrayant, dévoilant une forme de profondeur étroite gagnée par l'ombre.

Au rayon des fruits, qui présente l'avantage d'être plus aéré, de ressembler davantage à un bureau-paysage ouvert qu'à un corridor, tandis que je mène une brève enquête pour désigner, parmi les laitues, celle qui sera la plus belle pour agrémenter mon poulet, Robinson renverse dans mon chariot le pain en tranches que nous venons d'acheter. «Ah, les enfants!» s'exclame en souriant une dame âgée qui a assisté, sans broncher, à ce petit drame et qui éprouve soudain une douce et sereine nostalgie pour ses plus anciennes années.

Un peu plus tard, je me dirige vers la caisse tenue par la seule caissière qui me reconnaît d'un samedi à l'autre, Michèle, à son poste cette fois-ci. Il s'agit d'une femme aux cheveux courts, châtains, énergique, au regard noir, intelligent, aux poignets fins, actifs, optimistes, qui déplace avec une grâce si difficile à atteindre en pareilles circonstances les divers achats des clients, cannettes de bière, jambon découpé en tranches, dentifrice ultrafluoré, espadrilles en solde ou machine à café.

J'aimerais faire de cette dame, au noble maintien jusqu'en ses tâches répétitives, un portrait sans malice et sans militantisme — juste un portrait en puissance — qui, surtout, ne préciserait nullement si elle est jolie, pas jolie ou entre biche et biquette —, un très long portrait qui ne ferait grâce à personne, ni de son uniforme, chemisette rouge, pantalon bleu, ni de sa posture, le corps encastré dans une proxémie étroite, c'est-à-dire dans un espace très petit où chaque micro-emplacement est rentabilisé, joue un rôle précis dans le temps haché, minuté, de la vie devant les tiroirs-caisses — et tout cela en un vaste tableau à la Victor Hugo. Mais — j'y insiste — non seulement aucun jugement n'y serait posé par le narrateur quant à la beauté de l'héroïne, mais, en outre, aucun indice ne permettrait au lecteur ou à la lectrice de se faire une opinion à ce sujet. Malheureusement, il me faut remettre à plus tard ce noble projet : c'est qu'il faut aller vite à la caisse, au supermarché, d'autres clients attendent derrière nous et il s'agit d'un passage dangereux pour le père d'un petit Robinson, tant sont proches de ses mains les marchandises chargées de nous tenter à la dernière seconde (ou d'appâter l'appétit des enfants), journaux débiles, bonbons multicolores, chewing-gums au melon, à la menthe ou à la fraise, dont, à maintes reprises, mon fils a saisi l'une des boîtes à moitié ouvertes et en a renversé le contenu par terre. Je n'ai guère de temps pour brosser un portrait et pas plus pour papoter, mais Michèle use de son humour pour rompre le silence.

— Tiens, qui voilà, lance-t-elle, quel bon vent vous amène ?

— J'essaie de vous éviter, je vous assure, mais je me retrouve toujours par hasard à votre caisse...

— Drôle de hasard, réplique-t-elle en scannant un régime de bananes venues de l'autre côté de la planète (écloses sous des cieux plus beaux, aurait dit Baudelaire). Je crois plutôt que le magasin vous paie pour réaliser une enquête à mon sujet.

— On ne peut rien vous cacher, dis-je.

— Il devient plus calme, remarque-t-elle en tournant son regard vers Robinson, occupé à jouer gentiment avec la petite chaînette qui servira bientôt à rattacher mon chariot à ses semblables.

— Cela dépend des moments... Il y a dix minutes, je l'ai empêché de jeter une bouteille d'huile d'olive par terre, avoué-je en enfournant un filet d'oranges dans un grand sac en plastique.

Michèle fait la moue : elle imagine l'huile se répandant sur le sol blanc du magasin et elle m'explique qu'à cette heure-ci les femmes d'ouvrage sont parties : ce serait à elle ou à une de ses collègues qu'il reviendrait d'éponger ce liquide ingrat, lourd, salissant et poisseux.

— En tout cas, dit-elle, passant du coq à l'âne, il faut que vous profitiez du beau temps pour vous promener avec le petit.

— Oui, ici, dans votre supermarché, on ne peut pas dire que l'on voit le soleil...

— J'avais pourtant proposé de doter le magasin d'un toit ouvrant, réplique-t-elle, mais personne ne m'a écoutée.

— Point 4 du rapport : la préposée tient des propos subversifs aux clients...

Très souvent, il en va ainsi : par gentillesse, mes proches imaginent spontanément que Robinson est plus sage, plus facile à vivre, moins fatigant, alors que l'inverse est vrai : il grandit en force sans grandir en sagesse et est toujours plus difficile à surveiller. Tout se passe alors comme si chacun se rassurait le plus vite possible, profitant des quelques secondes durant lesquelles Robinson, absorbé par une occupation quelconque, a l'air d'un enfant comme un autre, pour minimiser, avec affection, le drame de ma vie.

Si je parle de Robinson à autrui, ce n'est certes pas pour être plaint. Mais je ne tiens pas à ce que l'on nie le poids qui pèse sur mes épaules. Je ne veux pas non plus que l'on me dise ce que je dois faire, l'abrutir de médicaments, le placer dans telle institution, lui faire davantage confiance...

Le monde compte un milliard 339,7 millions de Chinois, 313,8 millions d'États-Uniens, des femmes, des hommes et des enfants, des clercs de notaire, des marchandes de quatre-saisons et des caissières de supermarchés et de toutes et de tous, je n'attends qu'une parole, qu'ils et elles un jour me disent : debout face à l'angoisse, les mains dans la merde, les yeux incapables de quitter un enfant plus de quelques secondes, le dos brisé par le présent, le ventre tiraillé par l'avenir, noyé dans un amour paternel filial innommable, affrontant à chaque instant mille dangers, tu es, des temps postmodernes, le héros.

Face à la joie pure et brute

Je m'approche de mon fils, qui est debout devant la fenêtre de sa chambre, et, tout en appliquant sur sa poitrine des petites pressions du plat de la main, je lui dis d'une voix aiguë, mû par un enthousiasme quelque peu forcé : « Il est là, Robinson ! Il est là ! » Plongeant ses yeux dans les miens, Robinson me sourit en retour. Me sourit tout entier, intégralement, du visage, du regard, dans une expression de joie profonde et, peut-être aussi, à sa façon, de gratitude. Oui, je suis là, je suis bien là.

Je m'entends alors prononcer la phrase : « Je voudrais que tu sois heureux dans la vie », avec une sorte d'espoir désespéré dans la voix, et je me sens gagné par un double courant d'émotions incontrôlables, de l'amour, oui, je ne vois pas d'autre mot, et de la tristesse. Tous les parents dignes de ce nom veulent le bonheur de leurs enfants. Tous les parents, sauf les imbéciles heureux, savent que le bonheur est inaccessible : du moins, peuvent-ils feindre de croire que leurs enfants bénéficieront d'un statut d'exception...

Mais, non, ce n'est peut-être pas cela que je ressens. Je suis face à la joie brute de l'enfance, celle qui illumine jusqu'aux gamins des bidonvilles et des camps de réfugiés. De même qu'il ne peut plus prendre plaisir à manger des «chiques sures», à jouer au magasin, à la dînette ou aux cow-boys, l'adulte n'est plus capable de ressentir cette joie-là. Mais il est tendrement ému rien qu'à l'observer chez l'enfant, dans le confort de la distance et du savoir. Parfois, il prévient sa fille ou son fils : «Sache que ta joie ne durera pas au-delà de l'instant. Mais des compensations sont prévues, tu vas voir.» Et il insiste sur celles-ci, la liberté, la science, l'argent, la force, la vitesse, le pouvoir, l'amour-entre-grandes-personnes, pour donner à l'enfant l'envie d'en devenir une. Robinson ne me permet jamais de me placer dans cette distance et cette sagesse millénaire : il me *veut* avec lui, dans la joie pure et brute et adamantine, il me *croit* avec lui et il imagine, puisqu'il ne vit que dans le présent, que cette joie peut durer toujours. Et j'ai beau faire pour m'accorder à son diapason : mon savoir de non-autiste me donne l'impression de le trahir.

Le long de la rivière

Dans le jardin de mes grands-parents, une demi-douzaine de cerisiers du Japon, soigneusement alignés, formaient un couloir légèrement en pente au milieu duquel nous nous ébattions, mon frère César, ma sœur Albertine, mes cousines et moi.

Mais, à mes yeux, le compagnon de jeu idéal, le plus recherché, le plus rare, était mon père, quand il était là, quand il était disponible.

Je me revois dans ce couloir arboré face à lui, mon père, mon héros primitif, immense, impassible, interceptant le ballon dans lequel je viens de shooter de toutes mes forces. Il s'est placé en contrebas, mais, malgré cet avantage qu'il me concède, il est impérial, imbattable, impressionnant. Du haut de mes quatre ou cinq ans, je sais pertinemment que je n'ai absolument aucune chance de marquer un but. Et si, par miracle, j'y parvenais tout de même, je serais saisi par le doute : n'a-t-il pas fait exprès de laisser passer le ballon ? Car mon père ne cache guère son ennui.

Il ne peut s'empêcher de me faire savoir qu'il joue avec moi pour me faire plaisir et non par plaisir.

Un bon quart de siècle plus tard, je suis dans les buts face à mon petit Hadrien. Je dégage la balle au loin et, tout en regardant mon fils courir à sa poursuite, j'entrouvre *Sur la télévision* de Bourdieu et j'essaie, en vain, d'en lire deux lignes en attendant le retour de mon petit adversaire, qui revient déjà — et je cherche vite à masquer mon geste coupable et mesquin, si frustrant pour lui qui se donne tout entier à l'action.

«Encore, encore», me demandera-t-il quand je lui dirai : «On rentre à la maison.» «Encore, encore», demandais-je à mon père après l'avoir entendu prononcer la phrase redoutée : «C'est bon, maintenant, on arrête, joue avec ton petit frère, je dois tondre la pelouse.»

Robinson aime les ballons gonflables. Je me place en face de lui dans un autre couloir, formé d'un côté par le mur et, de l'autre, par le bord du lit. Et je lui demande : «Lance la balle à papa!» Comme j'insiste, il finit par m'obéir. Je lui renvoie aussitôt le ballon dans les pieds, espérant enclencher ainsi un mouvement entre nous. Il me sourit, mais il garde son jouet pour lui, y chipote un instant, puis s'en débarrasse en le laissant glisser sur le côté, malgré mes injonctions répétées.

Enfant, entre les cerisiers du Japon, en même temps que le ballon, je me projette moi-même vers mon père, en mon père, auquel je veux ressembler, je me noie un bref instant en lui, je suis celui qui soudain lui réplique, qui rivalise avec lui, qui le défie. Et je me sens exister doublement, une seconde vie s'ajoutant à mon existence pourtant pleine et entière.

Je n'entre pas en fusion avec mon père, non, puisque mon désir secret est de marquer un vrai but contre son camp, de battre l'imbattable — les deux fers restent à distance au bord du même feu. Un lien étrange et subtil se noue et se dénoue entre moi et un autre moi-même qui n'est pourtant pas moi du tout, un géant qui m'échappe et que je veux retenir, selon une dialectique infinie de l'autre et du même — dialectique trop fine pour Robinson, qui cherche la fusion totale ou l'absolue solitude.

Pourtant, ce jour-là, alors que nous nous promenons le long de la rivière, Robinson, suivant au quart de tour l'une de mes impulsions, se lance dans un petit jeu avec moi. Les deux mains dans les miennes, il se met à marcher en arrière, dans un geste de confiance parfaite, il fait même quelques bonds, en riant, en me regardant dans les yeux. Deux minutes, au moins.

Au-dessus de l'armoire

Hop ! Je saisis Robinson par les épaules dans un élan de bonne humeur injustifié et l'entraîne sur le lit pour jouer au bateau dans la tempête (il est alors le capitaine et moi le navire) ou au combat entre le lion et le lionceau. Je pousse des rugissements inarticulés et je me force un peu à rire à la façon d'un titan mi-Depardieu mi-Gargantua. D'ordinaire, il me sourit avec ravissement, dans ces cas-là, heureux de découvrir, sous mon immobilité d'adulte non autiste et contraignant, un soudain soubresaut d'activité inutile.

Mais là, non. Il me regarde fixement avec ses yeux bleus, sérieux, désapprobateurs, geint même un peu, l'air de me signifier : « Papa, tu ne vois pas que j'ai du travail ! » Je le laisse se dégager de mon étreinte puérile et, en effet, il reprend aussitôt l'activité que j'ai interrompue sans crier gare. À nouveau, il s'agit, en un minimum de temps, de jeter un maximum de jouets, nounours, petites voitures en tissu, tuyau d'aspirateur démantibulé, bouts de scoubidou, au-dessus de l'armoire. On l'aura compris, l'opération demande une grande concentration : qui lance trop fort voit l'objet rebondir sur le mur et retomber à terre ; qui se montre trop doux n'atteint pas la hauteur requise et obtient le même désastreux résultat. Aussi, à la façon dont les joueurs de tennis font rebondir la balle avant de servir (on se demande tout de même, par parenthèse, pourquoi les *tennismen* respectent tous exactement le même rituel, comme si celui-ci faisait partie du règlement, ou qu'il fût dangereux, même pour les serveurs imaginatifs, de s'en écarter un tant soit peu), Robinson, invariablement, fait précéder chaque lancer d'une sorte de petite pause durant laquelle, selon une habitude déjà décrite, il tapote l'objet contre ses dents. Passé ce bref moment de paix intérieure viennent la violence, la furie, le jet vers le grand ailleurs, les cimes et les sommets.

Dans un quart d'heure, Robinson, ne cachant pas sa mauvaise humeur, viendra me chercher et me montrera en maugréant le sommet de l'armoire comme si c'était moi qui y avais caché ses jouets. J'irai chercher une chaise pour les récupérer un à un et il semblera les redécouvrir avec satisfaction, comme s'il pensait : «Tiens mon nounours-boîte-à-musique-un-jour-mon-prince-viendra ! Je me demandais justement où il était passé !»

En plein cauchemar

Mon père doit avoir entre quarante-cinq et cinquante ans, au vu de son apparence. Son âge ne m'étonne guère mais, confusément, je sens que sa présence n'est pas habituelle, qu'elle est fragile, sans doute éphémère. Mais je ne dis rien, car, depuis plusieurs jours, j'ai cessé de parler, ce qui inquiète mes parents.

Mon vélo est ensuite bousculé par un autocar. Certainement vais-je être écrasé.

Dans ce rêve, mon père non seulement est vivant, mais il a mon âge. J'y suis mon père, en quelque sorte. Et j'y suis aussi mon fils dans la mesure où je le rejoins dans la non-parole.

Longtemps, un de mes rêves les plus fréquents voulait que Robinson se mette à prononcer une longue phrase, subitement, comme dans une blague. Ou bien je me rendais compte que je m'étais trompé à son sujet : il parlait depuis longtemps, mais je ne m'en étais pas aperçu. Ces rêves-là, qui étaient suivis de réveils douloureux comme une retombée de haut, ont laissé place à des cauchemars qui me voient courir derrière Robinson le long d'une autoroute, d'une voie rapide emplie de lourds camions, de chars russes, de brontosaures mécaniques, Robinson accélère l'allure tandis qu'une force invisible me ralentit, je relève mes cuisses en vain, sans plus avancer d'un pas, les voitures me frôlent, où est Robinson?

Sous le lustre doré

Un trou! Le sac-poubelle en plastique a été troué par un chat, un chien ou une fouine et son contenu risque de se déverser sur le trottoir lorsqu'il sera vigoureusement saisi par un éboueur.

J'ai laissé Robinson seul dans sa chambre, où je l'ai enfermé. Même si la pièce, on l'a compris, est sécurisée, je sais quel danger je cours en l'y abandonnant plus de quelques secondes. Mais il s'agit d'un cas de force majeure : je vais chercher un ruban adhésif pour colmater cette fâcheuse brèche dans le sac-poubelle. Le ruban est bien dans le tiroir *ad hoc* : il convient d'être ordonné — ou de le devenir — quand on est père de Robinson. Malheureusement, l'opération se révèle plus compliquée que prévu, l'adhésif se montre rétif et le plastique du sac, de son côté, se rétracte au contact de la colle, comme une limace sur laquelle un enfant sadique verse du sel. Je peste mais je m'obstine et arrive à mes fins. Une fois la poubelle dehors, je remonte quatre à quatre les marches de l'escalier.

La répétition tue l'héroïsme de la scène. Quand elle se fait bègue, la merde perd de sa verve. Elle ne génère plus de surcroît d'amour irrationnel, mais seulement l'ennui, le dégoût, le désespoir.

Le lange bréneux est par terre, deux beaux impacts bruns et grumeleux apparaissent sur la blanche porte de bois peint. Un autre projectile a atterri sur le lit, tandis qu'un beau colombin s'est immobilisé sur le tapis après une course que l'on se refuse à imaginer. Des taches maculent le pantalon rouge roulé en boule dans un coin. Quant aux mains de Robinson, elles ont la couleur de la *raspoutista*, cette boue soviétique dans laquelle s'embourbèrent les camions de la Wehrmacht en octobre 1941.

Comme d'habitude, je déshabille mon petit ange, le mets dans la baignoire, le lave puis commence à nettoyer le sol, les murs, la porte, le lit. Je me dépêche pour ne pas le laisser trop longtemps dans son bain, mais aussi pour masquer le caractère excessif de cette scène à Hélène, qui ne va pas tarder à regagner la chambre.

L'essentiel de la mouscaille est évacué lorsque survient ma femme : si je puis me permettre des considérations de technique ménagère, le caca présente cet avantage décisif sur le pipi que, pour être plus spectaculaire, il n'en est pas moins plus facile à ramasser que ce liquide sournois qui s'infiltre dans les tissus — j'en sais quelque chose aussi, cela pourrait d'ailleurs faire l'objet d'un tome 2. Bref : les marques les plus visibles ont disparu quand Hélène regagne notre étage. Demeure l'odeur, invisible, mais prégnante.

Mon épouse pour le meilleur et pour le pire m'assure de son soutien et je lui confie la garde de Robinson dans son bain, car elle est incapable de m'aider à écoper la merde. Elle en produit, elle aussi, comme tous les mammifères, mais la matière fécale a ceci de particulier — chacun sait cela — qu'on ne supporte que la sienne et celle de ses descendants directs. Encore que... La sienne, pas de doute, mais celle de ses enfants, cela dépend des cas, tout de même. La question n'est pas simple, me semble-t-il. Il doit s'agir d'un problème multifactoriel, comme on dit aujourd'hui. Tout en épongeant avec soin les traces brunâtres que je rencontre encore, çà et là, dans la chambre de Robinson, je décide de réfléchir à ce problème, librement, sans œillères, sans préjugé, sans parti pris. Plusieurs conditions semblent requises pour supporter la merde d'autrui : d'abord aimer le chieur ou la chieuse. Mais l'amour seul ne suffit pas : personne ne rêve de devoir s'occuper des fèces de sa douce bien-aimée, de son prince charmant, de son père, de sa mère, de sa sœur ou de son frère. Et le sens du mot « ami » a beau ne pas nous être inconnu, je ne suis pas sûr que je parviendrais à torcher sans dégoût mon camarade Virgilio au regard franc ou Vincent mon *alter ego* au rire facile. Deuxième condition : être parent du producteur des excréments en question, songé-je en allant rincer mon éponge à grande eau. Mais l'union de l'amour et de la parentalité, pour être nécessaire, ne constitue toutefois pas un critère suffisant : je ne peux imaginer sans haut-le-cœur devoir m'occuper des déjections de Zoé ou d'Hadrien. Une troisième condition paraît indispensable : une sorte de fil continu entre la merde initiale (le méconium du bébé, qui ne pue ni ne salit) et la crotte du jour — fil temporel, organique et odorant, à la fois concret et abstrait, en vertu des solutions de continuité espaçant, de façon régulière, les productions les unes des autres, rythmant le quotidien, la vie et l'amour. Qui cesse de s'occuper des selles de son enfant s'en écarte de façon inéluctable.

L'énoncé de cette loi universelle provoque en moi une forme de soulagement, voire d'espoir. Je me souviens que, lorsque Robinson avait quatre ans et que sa demi-sœur en avait huit, je me disais : «Il faut qu'il devienne propre ! Je ne serai pas capable de le langer à l'âge de sa sœur.» Cet âge est dépassé aujourd'hui et je tiens le coup, imperturbable, stoïque, téméraire et clinique. Le fil continu me permettra-t-il d'affronter encore les *excreta* de mon fils quand il sera pubère, quand s'y mêleront des poils ?

Quoi qu'il en soit, et quel que soit l'amour paterno-maternel dont il se targue, jamais un être humain n'atteindra, face à la merde de son enfant, à cet empyrée paradoxal : le culte intime que l'on voue en secret à ses propres déjections. Nous sommes les hommes et nous sommes les femmes et de nous nous aimons même ce qui chez les autres provoque notre dégoût, notre rage ou notre amertume.

Je parcours une fois de plus la chambre car, malgré mon travail, malgré les lingettes humides jetées dans la poubelle du balcon, l'odeur demeure très forte — surtout ne pas songer au fait que toute odeur fécale est, en fait, due à de microscopiques particules qui pénètrent mon nez après avoir vécu dans l'intestin d'autrui — trop tard j'y ai pensé. Et je trouve des traces de doigts bréneux sur la petite maison synthétique et souple qui sert de cabane à Robinson. J'éponge aussitôt ces résidus.

Robinson est sorti de son bain et, apaisé, joue calmement dans un coin. Mais l'odeur demeure. Envers et contre tout. Hélène et moi procédons à une dernière inspection. Comment savoir, compte tenu du fait que, par mesure de sécurité, j'ai refermé la fenêtre, s'il s'agit de relents, traces parfumées qui résistent, comme le sillage dans le ciel d'un avion déjà parti au loin, provenant d'un étron évacué, ou si se cache encore quelque part un peu de caca mou. Nous ne pouvons vivre avec cette incertitude. Il nous faut en avoir le cœur net. Nous procédons à une inspection minutieuse, prudente, circonspecte. Afin de mieux examiner les coins sombres, je me munis d'une lampe de poche et j'avance pas à pas, sentant derrière mon dos la présence d'Hélène, que je protège hardiment du pire, comme un beau héros bien peigné des années 1950 avançant dans la pénombre d'une dangereuse pyramide découverte le matin même au milieu de la jungle.

— Là ! m'écrié-je soudain en montrant le lustre.

Une jolie petite lichette brune, en forme de figue ou de piment, pend à une branche d'un lustre doré dont j'ai hérité. Qui sait ? L'effort qu'elle produit pour résister à la pesanteur a-t-elle pour conséquence une émanation d'odeur particulièrement ardente. Je comprends très vite qu'il s'agit d'une partie de la motte de merde qui a atterri sur le lit et que Robinson a d'abord projetée vers le plafond.

— Mon Dieu ! s'exclame avant de s'enfuir Hélène, qui est pourtant athée.

Sur un carnet de poésie

Que de l'amour aucun excrément ne se perde dans l'azur, au nadir, au fin fond de l'éther : en la matière, il faut demeurer sur la terre et resserrer les liens de l'amour à la merde.

Hors de notre propre corps

Ce livre qui a d'abord cru s'intituler *L'Amour et la Merde* aurait-il pu porter le titre *La Merde et la Mort* ?

Tabou dérisoire et tabou métaphysique. On sait qu'on est destiné à mourir et on l'oublie : de même on sait que chacun chie et on ne veut rien en savoir. Les exégètes bibliques se sont plu à penser et à faire croire aux fidèles que Marie était tombée enceinte sans avoir été pénétrée — ce qui fait, soit dit en passant, de Jésus le premier homme à avoir crevé l'hymen de sa mère —, mais aucun commentateur n'a précisé que, non loin de son infranchissable vagin, par un autre orifice et dans l'autre sens, la merde ne s'est pas frayé de passage. Marie chiait, donc, et, plus que probablement, le Christ lui-même. Mais Karl Marx aussi chiait, soyons juste, tout comme Lao-tseu, Freud ou Nietzsche. Ni le royaume des Idées pures ni le souvenir des dialogues socratiques n'empêchèrent Platon d'être chieur à ses heures. Volontiers l'on imagine que Jean-Sébastien Bach produisait des petites crottes rondes et bien tempérées, rebondissantes comme des notes sur le clavecin. Sans doute Kant devait-il souffrir régulièrement de constipation pure — ou de constipation pratique —, un doute subsiste. Quant à Victor Hugo, au contraire, il devait avoir tendance à la diarrhée pendant douze jours d'affilée.

«Ce n'est pas humain», m'a dit une amie après que je lui ai raconté quelque épisode glorieux mettant en scène Robinson et ses fèces. Oh que si! De même qu'aucun animal ne prend le temps de peindre les parois des grottes ou de graver l'ivoire, aucun autre mammifère ne joue avec sa merde. Celle-ci fait partie de notre rapport au monde, et de l'étrange nœud, ambigu, paradoxal, qui nous lie à notre propre corps, mêlant culture et nature, attirance et rejet, désir et culpabilité — comme la nourriture, comme la sexualité, comme la mort.

Au comble de l'humanité

Inhumaine, humaine ? La merde est-elle, en notre humanité, le symbole confus de notre inhumanité ? Anus solaire et part maudite ? De même que la folie, par son inhumanité même, nous éloigne plus sûrement du monde animal que les progrès de l'intelligence, de même la merde, en tant que nous lui conférons le rôle symbolique du dégoût, de la malchance, de l'abjection, de la vulgarité, de la déchéance, du refus (Cambronne) et de la bestialité corporelle, représente-t-elle au vrai le comble de l'humanité ?

Merde, c'est de la merde, c'est la merde, tu m'emmerdes et je m'emmerde.

Hors de la boîte ronde et bleue

Je lis depuis trop longtemps sans avoir été interrompu et le silence alentour présente une densité qui me paraît suspecte. Je quitte à regret mon lit et mon livre, et fais les trois pas qui me séparent de la porte de communication entre notre chambre et celle de mon fils.

En m'entendant approcher, Robinson relève les yeux et, immédiatement, plaide coupable. Il ne cherche pas à masquer sa faute. Au contraire : il me montre du doigt, avec inquiétude et honnêteté, le résultat de son activité silencieuse.

Malgré le verrou que j'y ai apposé, il est parvenu à ouvrir son armoire (que j'ai sans doute mal refermée) et s'est emparé d'une boîte métallique ronde et bleu marine dont il a étalé le contenu un peu partout autour de lui, sur ses vêtements, sur les rideaux, sur le sol.

J'en ai vu d'autres, me dis-je en commençant à ramasser la crème lactescente et nivéenne. Mais je déchante vite : si elle sent bon, elle est grasse, collante, tenace. Elle se met à mousser tandis que je frotte le tapis, occupant toujours plus d'espace quand je la prie de disparaître, comme ces animaux insidieux qui se reproduisent si vite que leur prédateur, malgré son zèle, voit sans cesse leur nombre augmenter.

J'en viens à regretter la bonne vieille merde odorante dans le lavage de laquelle j'ai acquis d'indéniables compétences.

Dans les airs, II (les bulles de savon)

Robinson me désigne régulièrement, en haut de l'armoire, le cylindre de plastique jaune servant à produire des bulles de savon. Il se fâche si je lui dis «Non» sous prétexte que je suis occupé, qu'il pleut, ou qu'il fait trop froid. Je préfère dire «Oui» et lui offrir ce petit plaisir durant un laps de temps très court plutôt que le lui refuser tout net. Il supporte mieux la frustration partielle que la frustration totale. Je vérifie alors qu'il n'a en main aucun objet susceptible d'être jeté par-dessus bord et j'ouvre la fenêtre. Celle-ci lui arrive à l'épaule : il met les mains sur la rambarde. Et, d'un souffle, je produis des bulles de savon qui s'éparpillent entre les toits et que nous avons tout le loisir d'observer, du haut de notre troisième étage.

Aujourd'hui, le vent traverse la ville avec brutalité, s'engouffrant dans notre rue comme s'il y poursuivait un voleur puis, changeant brutalement d'avis, tournant sur lui-même, opérant un demi-tour ou s'immobilisant soudain selon un caprice incompréhensible à nos yeux. Les bulles de savon, pourtant émises d'un même souffle, suivent des chemins contradictoires : le quart de seconde qui sépare leurs formations respectives suffit à les faire glisser sur un courant différent et à conférer à chacune un destin autonome. Elles semblent s'envoler à leur guise. S'il est rare qu'elles partent dans des directions diamétralement opposées, il serait plus exceptionnel encore de les voir se suivre en file indienne. Au vrai, cela n'est jamais arrivé. Je suis des yeux l'une d'elles qui atteint le bout de la rue et tourne au coin pour disparaître, exploit authentique, avant d'avoir éclaté.

Parfois, un passant pressé voit apparaître devant lui l'une de ces sphères fragiles qui lui rappelle sans doute sa lointaine enfance et il lève les yeux vers nous. Il est arrivé que le passant pressé en question nous lance alors un regard méfiant, incrédule, voire réprobateur — mais, le plus souvent, c'est un sourire, franc, gratuit, lumineux, qui parvient jusqu'à nous. (Cela fait du bien, tout de même, en ces pages, de parler de savon, d'autant qu'il y a beaucoup à dire du savon, comme dit un poète, exactement ce qu'il raconte lui-même jusqu'à disparition complète, épuisement du sujet et non de ce qu'il peut servir entre autres choses à nettoyer.)

Phénomène tout à fait exceptionnel, que j'observe aujourd'hui pour la première fois : une bulle qui vient de se former autour de mon souffle cogne une plus ancienne, émise lors de la tournée précédente — en général, le ciel, plus grand qu'une piste de pétanque, leur permet de s'éviter. Je me tourne vers Robinson en espérant qu'il a bien profité de ce spectacle inouï.

Mais je ne suis pas sûr qu'il regarde les bulles de savon se disséminer un moment en l'air. Il ne les suit en tout cas pas des yeux et assiste peut-être seulement à leur envol fugace à travers son champ de vision. Rien ne se passe quand je lui en désigne une, particulièrement grosse, subtilement irisée ou courageusement voyageuse. Et si je place devant sa bouche la lunette de plastique bleu dans laquelle une cuticule de solution savonneuse s'est laissé cueillir, il ne cherche nullement à m'imiter et à souffler au travers.

Pourtant, lorsque je me dis que j'ai l'air fin, à m'extasier ainsi tout seul, à voix haute, devant ces décevantes bulles de savon qui, en dépit de notre espoir d'enfin en voir une résister à la pression, finissent toujours par disparaître sans un mot, lorsque, en d'autres termes, j'en ai bel et bien ras-le-bol du bal des bulles dans le ciel bleu et que je m'interromps, Robinson se retourne aussitôt vers moi pour m'inciter à souffler derechef. Peut-être s'en fiche-t-il des bulles aériennes et craint-il simplement de me voir ensuite refermer la fenêtre. Peut-être est-ce la situation — moi derrière lui, la ville devant, l'air, ses bras sur la balustrade — qui lui plaît davantage que le jeu. Je n'en sais rien. Je sais que, dans ces moments-là, quelle que puisse être plus tard sa vie, quand je serai trop vieux, quand je serai mort, il est heureux.

Chez des amis (le barbecue)

Le principe est le suivant : non-autiste ou oui-autiste, il ne faut à aucun prix se couper du monde. Il est impératif de refuser la bulle, la prison volontaire, l'insularité. D'ailleurs, Robinson aime la compagnie : il en a marre, parfois, d'être enfermé dans deux pièces avec son père. Il ne peut pas plus « se passer longtemps de la figure humaine » que Bernanos, selon une citation que j'emprunte à Alexandre, le personnage principal de *La Maman et la Putain*.

Voilà pour les principes, références culturelles à l'appui. Mais, ce soir, je suis invité à un barbecue chez un ami, par ailleurs collègue à l'université qui m'emploie. J'ai eu beau décliner — « Désolé, j'ai la garde de Robinson » —, cet ami a très gentiment insisté pour que je vienne avec mon fils, pas seulement par politesse : il a vraiment envie que je participe à la fête qu'il organise. Bien entendu, il ne m'invite pas *parce que* je suis accompagné de Robinson, « Un oui-autiste ? Génial ! Cela mettra l'ambiance ! », mais il désire ma présence *malgré* celle de mon fils, ce qui est déjà un cadeau.

Pourtant, alors que l'heure avance dans l'après-midi, j'hésite encore sur le parti à prendre et je ficelle dans mon esprit les phrases par lesquelles je vais m'excuser : « Ne m'en veux pas, Patrick, de me décommander à la dernière minute, mais, comme, d'après le dernier bulletin météo, il se peut qu'il pleuve, la situation risque d'être vraiment délicate et… » Hélène, de son côté, malgré un tempérament plutôt attentiste, a par avance, depuis longtemps, décidé que, cela, non, c'était trop difficile à vivre, le regard d'autrui, les facéties de Robinson, etc. Je la soutiens dans cette voie qui consiste à ne pas trop en faire. Par expérience, je sais que si, mue par sa bonté ou par un sentiment quelconque de culpabilité, elle se force la main et s'occupe de Robinson en dehors des petites habitudes, rares mais câlines, qui se sont installées patiemment entre elle et lui, nous courons à la catastrophe, l'effort se payant par un contrecoup calamiteux.

Si j'y vais, à ce barbecue, ce sera donc seul avec Robinson. À plusieurs reprises, je l'ai déjà entraîné dans le grand monde des non-autistes. Bien m'en a pris. Je me souviens de Robinson s'agitant sur la piste de danse lors de l'anniversaire de ma sœur Albertine : rien ne ressemble plus à un danseur excentrique qu'un oui-autiste excité. Il m'est arrivé aussi de le prendre au cocktail du mariage d'une jeune collègue. C'était en plein air, il faisait doux : la formule qui veut que les invités demeurent debout avec un verre autour de tables hautes entre lesquelles ils circulent me convenait tout aussi bien que celle de la soirée dansante. L'essentiel est que je demeure mobile, bien campé sur mes jambes, toujours prêt à rattraper mon fils. Les soirées à table, où chacun s'assied, sont plus compliquées à vivre. Mais, au fond, lors d'un repas chez mon amie Marie-A., malgré qu'il ait jeté un aspirateur sur la table basse où s'alignaient les verres à champagne, Robinson s'était plutôt bien comporté. Enfin, cela se discute. Marie-A., du moins, m'avait remercié d'être venu, avec insistance et en toute connaissance de cause.

C'est pourquoi, finalement, avec une sorte d'entrain artificiel, comme quand, pour me contraindre à la joie, j'écoute une chanson de Charles Trenet ou de Jacques Higelin, j'annonce notre départ à ma femme et à mes autres enfants. En route ! Ce soir, barbecue, sangria et mondanités pour Robinson et son père !

Comme Ulysse arrivant à Ithaque, nous sommes d'abord accueillis par un vieux chien : Robinson, gagné par la peur, met son pied devant lui pour se protéger, dans un mouvement qui ressemble bel et bien à un coup — une savate plus précisément. L'animal ne s'en offusque pas et nous poursuivons notre chemin. Finalement, il ne pleut pas : les invités sont dans le jardin, autour du grand barbecue de mon collègue. Non seulement je connais tout le monde, ou presque, mais en plus, chose rare quand on est si nombreux, j'apprécie chacune des personnes présentes. La plupart d'entre elles ont entendu parler de Robinson sans l'avoir jamais rencontré. Mon fils tend très sérieusement la joue à toutes celles et tous ceux à qui je le présente. Je ne sais pour quelle raison, ce soir, il refuse de me donner la main, mais il m'a tendu son bras pour que je le passe sous le mien et nous avons ainsi l'air d'un vieux couple, bras dessus bras dessous, qui progresse lentement dans l'herbe d'un convive à l'autre. L'effet est renforcé par nos tenues : j'ai enfilé un pantalon aussi rouge que celui de Robinson et lui ai mis une chemise aussi blanche que la mienne et, à tous deux, imposé le port du gilet, ce qui est du meilleur effet. Toutes les femmes nous trouvent craquants — du moins le prétendent-elles.

— Qu'est-ce que tu bois ? me demande mon collègue.

— Je veux bien de l'eau pétillante, si tu en as.

— De l'eau, quelle horreur ! J'ai sorti mes meilleures bouteilles !

— Tu sais, répliqué-je lâchement, que je ne bois jamais quand je suis de Robinson-service...

— Et toi, qu'est-ce que tu bois, Robinson ? Il y a du jus d'orange, de la limonade, de l'orangeade, du *citronné*, de la grenadine et du jus de pomme.

— Il ne boit que de l'eau plate...

— Vous n'êtes pas drôles, dites donc.

Profitant du fait que, pour le moment, Robinson est dans une phase d'observation et qu'il demeure, comme s'il était intimidé, quelque peu sur sa réserve, je me mêle franchement au groupe, un verre d'eau pétillante à la main. Chacun des invités semble heureux d'être là, mais la conversation n'est pas encore vraiment lancée, on donne quelques nouvelles quant aux postes à pourvoir à la faculté, aucune sous-conversation en duo ou en trio ne s'est encore amorcée. Le maître de maison s'affaire, passe de l'un à l'autre, accueille les nouveaux arrivants et se voit freiné dans le rôle de boute-en-train qu'il joue d'ordinaire au sein de notre groupe. L'autre spécialiste en la matière, il faut bien l'admettre, mon auto-modestie dût-elle en souffrir, c'est votre serviteur. Tenant un verre d'une main et posant l'autre sur l'épaule de mon fils pour le maintenir devant moi, je me demande quelle bêtise je proférerais si celui-ci n'était pas là. Quelle petite réflexion comique dont j'ai le secret et qui ferait bifurquer la conversation brusquement hors de la grand-route pour s'enfoncer dans les taillis. C'est comme si cette part de mon cerveau avait soudain disparu. Ainsi perd-on tout esprit d'à-propos quand on aborde pour la première fois un ancien professeur qu'on admire, une femme ou un homme dont on est amoureux ou que l'on convoite sexuellement. Tout ce qui me vient à l'esprit concerne la situation dans laquelle je me trouve, c'est-à-dire la présence de Robinson, mais je n'ai nulle envie que la conversation tourne autour de lui, d'autant que j'ai, confusément, l'impression que chacun fait un effort, par gentillesse et par respect, pour ne pas me regarder avec d'autres yeux que d'ordinaire.

La fille de mon collègue, dans une belle robe noire, toute neuve apprend-on bientôt, nous présente des plats garnis de zakouskis. Je lâche un instant Robinson pour prendre, à son intention, une petite biscotte carrée tartinée de foie gras. Je la lui donne. Comme à son habitude, il la renifle avant de la goûter. Mon voisin de droite, debout à côté de nous, fait, tout en parlant, ce geste de l'avant-bras qui signifie quelque chose comme « À Dieu vat ! », alors qu'au même moment mon fils se débarrasse de son apéritif, le foie gras n'étant pas à son goût, en le jetant droit devant lui, c'est-à-dire sur la jeune femme en face de nous dans le cercle des convives, de sorte que celle-ci croit une seconde que c'est mon voisin qui canarde sa jupe beige clair. L'incident fait rire : finalement, oui, il met l'ambiance, mon petit oui-autiste.

Je lui donne ensuite, espérant l'occuper, un autre amuse-bouche : un sushi artistement enroulé sur lui-même. Quelques instants plus tard, mon voisin de droite, toujours lui, retrouve des bouts de poisson nageant dans son verre de vin. Là aussi, on rigole, chaque invité pressant la victime de goûter tout de même à son verre, l'association gustative étant peut-être intéressante. Une nouvelle recette !

Quand Robinson, à la vitesse de l'éclair, s'empare du plat de toasts au foie gras avec l'intention manifeste de le renverser par terre, je me précipite dans son sillage et pose la main pour parer à la catastrophe, mais mon geste s'avère contre-productif : au lieu d'annuler la force de celui de mon fils, il l'amplifie, réalisant une forme de catapulte. Les petits-fours, pendant un bref instant, luttent contre l'attraction terrestre pour s'élever gracieusement dans les airs, chacun à une hauteur quelque peu différente, au-dessus de nos têtes, puis retombent, en pluie éparse, ce qui provoque un élargissement spontané du cercle des convives, chacun cherchant à se mettre à l'abri, tandis que le plateau, lui, tombe au sol directement et se brise en deux morceaux.

— Ce n'est pas grave, lance mon collègue Patrick, beau joueur, ce plat était un cadeau de mon ex-belle-mère. Et puis le chien adore le foie gras !

J'hésite à ajouter que la chorégraphie des zakouskis dansant le sirtaki dans l'air pourrait donner une jolie petite scène dans le roman que je suis en train d'écrire au sujet de Robinson — car je suis en train de faire du terrain, là, les amis, je prends des notes, attention. Mais même si, cette fois, le trait d'esprit est disponible dans mon cerveau, je ne l'actualise pas dans la parole, il ne faut pas abuser de la patience d'autrui tout de même — et puis tous les romanciers me l'ont toujours dit : on ne parle jamais du récit en cours, cela risque de tuer le désir de l'écrire. Je préfère donc me replier discrètement, vers le petit banc, là, un peu sur le côté mais pas trop, c'est-à-dire juste à la distance propice : assez loin pour maintenir Robinson à l'écart des verres, des plats et des braises du barbecue, assez proche pour ne pas avoir l'air de m'exclure.

D'ailleurs, je ne m'exclus nullement. Tout en gardant un œil sur mon fils, je les observe, ces amis plus ou moins proches, avec une attention nouvelle, qui, au prix d'une forme de distance sociale, me rapproche de leur humanité. Ce ne sont plus des collègues brillants et intelligents dont j'admire la justesse des propos, mais des êtres humains mortels incarnés chacun dans un corps particulier de jouissance et de douleur et qui, partageant sa condition, éprouvent pour mon fils autant de bienveillance que j'en ressens pour eux-mêmes. De mon banc, assis à côté de mon petit oui-autiste, je me rapproche en pensée de chacun de ces non-autistes occupés à se détendre. Ainsi, ce jeune collègue, qui revient d'un colloque au Danemark et qui est l'auteur d'une savante étude du livre *Le Savon* de Francis Ponge, présente des traits tout à fait différents selon qu'il sourit ou qu'il affiche un air sérieux — je ne m'en étais jamais avisé. Dans un cas, il ressemble à un bas-relief assyrien, avec sa barbiche dernier cri, dans l'autre, à un lumineux visage peint par Raphaël — celui de son autoportrait de 1506, par exemple.

— Robinson aime bien les chips ? me demande la fille de mon collègue.

Et elle lui en apporte aussitôt toute une platée, dans un récipient en métal qui ne risque pas de se briser. Merci beaucoup, c'est vraiment gentil.

Entre-temps est arrivée une jeune femme que

je ne connais ni d'Ève ni d'Adam et qui semble un peu extérieure au groupe, elle aussi. Elle est debout, juste à côté du banc où nous sommes assis, silencieuse et pensive. Je lui adresse la parole, me présente pour l'inciter en retour à me dire qui elle est.

— Enchantée, répond-elle avec un parfait accent anglo-saxon, et vous êtes également le papa d'un charmant petit garçon.

À ce moment, le charmant petit garçon en question fait mine de renverser le plat de chips, dont pourtant il raffole. Pour l'en empêcher, je me penche quelque peu vers l'avant prenant brusquement appui sur ma main droite. Mon interlocutrice, dont l'identité est toujours aussi mystérieuse, se méprend sur mon geste et croit que je tapote le banc comme si j'encourageais une petite fille à venir s'asseoir près de moi. Et de façon spontanée, elle obéit et s'assied, stupéfaite, interdite, sans doute autant par mon attitude autoritaire et paternaliste que par sa propre soumission. Elle prend d'ailleurs aussitôt une posture de repli, serrant les fesses à l'extrémité du banc et croisant à la fois les bras sur la poitrine et les jambes dans son jeans. Je cherche les mots pour commenter la situation et lever le malentendu, mais c'est sans compter sur la haine que Robinson voue aux croisements de jambes — particularité que je n'ai pas encore expliquée. Il se lève aussitôt, se précipite, main en avant, et opère une forte pression sur le genou de la jeune femme, qui ne peut s'empêcher de pousser un petit cri aigu.

Passé ces débuts encourageants, alors que Robinson est occupé à picorer une à une les chips qu'il a — cette fois, c'est fait — renversées sur la table devant lui, ma voisine m'apprend qu'elle est irlandaise et qu'elle rédige à l'University College de Cork une thèse en génétique textuelle au sujet de James Joyce, plus particulièrement de la scatologie chez James Joyce, précise-t-elle tranquillement. Ah, intéressant ! dis-je. Elle ne se trouve à Liège que le temps d'un séminaire sur le dégoût en art. Afin d'éviter que Robinson ne tombe malade à force de s'empiffrer grassement, je lui vole de temps en temps une chips, par pure abnégation paternelle.

— Joyce serait un écrivain scatologique ?

— *Yes*, *answer*-t-elle, c'est une véritable obsession chez ce grand auteur. Et l'examen de ses brouillons s'avère particulièrement intéressant à cet égard : ils montrent que c'est le plus souvent par accident que surgit ce thème dans son œuvre.

— Par accident ?

Dans tel manuscrit, m'explique-t-elle alors, un paragraphe est biffé sèchement, mais on y remarque un mot entouré au crayon. Ce mot se retrouve comme par hasard dans le paragraphe qui suit et qui remplace le passage supprimé. Quel est ce mystère ? J'ai envie de le savoir, mais d'autres sirènes m'appellent : Robinson s'est levé d'un bond et s'approche dangereusement du barbecue. J'ai à peine le temps de m'excuser — je me lance aux trousses de mon fils. Celui-ci croit à une sorte de jeu et fonce tout droit vers mon voisin de tout à l'heure, s'agrippant à son bras comme pour y chercher refuge — il est poursuivi par le grand méchant loup — et renversant du même coup, sur sa chemise et sur celle de son protecteur, le verre de vin dans lequel il avait tout à l'heure immergé un sushi.

Le gigot d'agneau et les merguez sont à présent bien cuits ou trop cuits, c'est selon. J'ai installé Robinson en bout de table, posant devant lui une petite voiture en mousse pour l'occuper en attendant qu'il soit servi. La chercheuse irlandaise s'assied en face de lui et nous sourit. Robinson répond en faisant un bruit de bouche, claquant sa langue sur son palais, clop, clop, clop. Sans doute touchée par ce dialogue, la jeune femme, de bon cœur, déclare qu'elle veut m'aider : elle a l'habitude des enfants, me certifie-t-elle. Et elle remplit d'eau le verre de Robinson, à ras bord. Erreur fatale : même s'il est assoiffé, il en boira deux lampées, renversera le reste et demandera un second verre. Mieux vaut ne verser dans celui-ci que de très petites quantités à la fois. Comme le plat de viande est arrivé près de nous, la chercheuse sectionne un morceau de gigot dans l'assiette de mon fils et lui laisse un couteau — qui, certes, n'est guère acéré, qui sert plus à pousser les aliments vers la fourchette qu'à tailler la viande, mais quel beau projectile pour Robinson ! Je le lui retire à temps. Il en profite pour renverser son assiette devant lui : il trouve plus pratique, décidément, de répartir les aliments directement sur la table, ce soir. Personne ne s'en offusque, ici, c'est la fête, et je reçois, comme un cadeau, la bienveillance unanime de mes amis, particulièrement celle de notre hôte qui me répète plusieurs fois qu'il est content que je sois venu. La chercheuse irlandaise acquiesce quand il m'assure que je suis d'une patience exemplaire pour un père — je me demande à quoi il fait allusion.

— Et alors, ces manuscrits de Joyce? reprends-je, pour changer de sujet de conversation.

— Vous vous souvenez du mot entouré au sein d'un passage biffé?

— *Of course*, dis-je avec l'accent belge, tout en coupant, avec un couteau français, une merguez marocaine pour Robinson, vous m'avez laissé en plein suspense...

— Le passage biffé ne présentait aucun caractère scatologique. Mais celui qui suit, au contraire, est franchement cru. Or le mot entouré, par calembour, ressemble à un terme enfantin désignant les fèces, qui apparaît dès lors à sa suite dans le nouveau paragraphe... C'est donc une forme de calembour qui lui a donné l'impulsion scatographique...

— Ah, comme si en français le mot «cacatoès», qui désigne un oiseau, ou «cacatois», une voile, appelait «caca».

Sans prévenir, un ange passe à travers toutes les conversations juste au moment où je prononce ce dernier terme, qui résonne alors avec fracas dans le silence. «Tu en tiens de ces conciliabules, avec notre hôte!» s'écrie Patrick.

Il s'ensuit une vague de rires du meilleur aloi, auxquels je participe de bon cœur. Tout va bien. Ou plutôt : tout irait pour le mieux dans le meilleur des mondes... si je n'avais pas, moi aussi, comme Joyce, des intestins. Les merguez — pourquoi n'y ai-je pas songé ? — ont sur mon appareil digestif un puissant effet laxatif. Je ne tiendrai jamais le coup. Que faire ? Si je demande un volontaire pour surveiller Robinson le temps que je m'éclipse aux toilettes, plusieurs personnes ne manqueront pas de se proposer. Mais, soit Robinson va paniquer et hurler à la mort en croyant que je l'abandonne, soit, ce qui est plus probable, il va profiter de cette liberté provisoire pour accélérer le rythme de ses facéties, courir à travers la maison en renversant tout sur son passage, se déculotter, faire ses besoins partout... Cela ne se voit guère, je sais, mais j'ai de l'autorité sur lui, mine de rien.

La seule solution est donc de l'emmener avec moi — solution déplaisante car j'ai besoin d'intimité dans ces moments-là, on le conçoit. Mais je n'ai guère le choix. Je m'imagine enfermé avec lui dans l'étroit habitacle en le tenant par les épaules contre le mur, fermement mais avec douceur, de sorte qu'il me tourne le dos et respecte, au moins sur le plan visuel, l'auguste pudeur paternelle.

Je me lève donc et, mentant effrontément à mes amis, je prétends que c'est lui, mon fils, je connais les signes, qui doit se rendre aux toilettes et je demande à Patrick où celles-ci se trouvent.

Quand j'ouvre la porte qui m'a été indiquée, je m'aperçois avec stupeur que le cabinet n'est pas logé dans une pièce minuscule mais se trouve au milieu de la salle de bain. Non seulement mon plan machiavélique tombe à l'eau, mais en plus j'entre là dans l'espace le plus dangereux qui soit pour un oui-autiste : rasoir, ciseaux, produits toxiques y abondent.

Il est trop tard pour faire machine arrière : mes intestins, qui semblent avoir senti la présence d'une cuvette, ne toléreront — ils me le font très bien savoir — aucune mesure dilatoire. Je m'installe donc, tenant et retenant à bout de bras Robinson devant moi, le forçant à la fois à me tourner le dos et à ne toucher à rien, gardant toujours une main sur son épaule et procédant au plus vite à toutes les opérations habituelles, qui peuvent très bien — je m'en rends alors compte — se faire à une main. Robinson se débat — il devient costaud, ma parole —, mais heureusement — à quelque chose malheur est bon — les merguez ont sur mes viscères un effet tel que tout va très vite. Me voilà presque sorti d'affaire — mission accomplie. Il reste cependant une action nécessaire, impossible à effectuer à une seule main — essayez, vous verrez : reboutonner son pantalon. Je lâche une seconde le pauvre Robinson qui se précipite sur l'objet qu'il convoite sans doute depuis presque une minute : un beau flacon de mousse de bain vert fluo parcouru de bulles d'air immobiles. Une fois encore, mon fils se montre plus vif que moi ; je vieillis, pas de doute : la moitié du flacon est à présent sur le tapis de bain. J'essaie de l'éponger au plus vite avec du papier toilette, mais, à l'instar de la crème Nivea®, le produit, au lieu de disparaître, se met à mousser au contact de l'humidité résiduelle de la carpette et sous l'effet du frottement. Et puis il n'est pas simple de nettoyer une carpette en empêchant un Robinson de provoquer d'autres catastrophes.

Pourtant, mon hôte, une fois averti, ne changera pas d'avis : il est content que je sois venu et ne veut pas entendre mes excuses, de toute façon, la mousse de bain renversée lui a été offerte par sa future belle-mère.

Nous regagnons la table et, comme Robinson est fatigué, la soirée se poursuit sans heurts. Soudain, mon fils se lève, se dirige vers la spécialiste de Joyce et lui tend la joue, comme en attente d'un baiser. Contrairement à ce que chacun croit d'abord, il ne cherche pas à recevoir un câlin irlandais, mais il dit « Au revoir » à sa façon et me signifie qu'il est temps pour lui de rentrer à la maison.

*En plein dans le cœur
mais pas en plein dans le mille*

Promis, je ne serai pas long : il faut seulement que je mette en marche la machine à laver le linge. Prends le temps nécessaire, me répond Zoé.

J'ai à peine enfourné deux chemises dans le tambour que j'entends ma fille hurler à tue-tête. Je remonte aussitôt. Les sphincters de Robinson ont été incroyablement efficaces. Dès qu'il a compris que j'étais absent, mon fils a baissé pantalon et lange et a directement chié dans sa main pour lancer aussitôt son caca en direction de sa demi-sœur — qu'il a heureusement manquée.

Zoé ne paraît pas traumatisée outre mesure par l'événement. Je le suis. Et si l'on changeait les week-ends : qu'Hadrien et toi veniez ici quand Robinson n'y est pas et que vous alliez chez votre mère quand il est avec moi.

— Pas question ! me répond-elle (et c'est là qu'elle est choquée). C'est mon petit frère ! Je veux continuer à le voir.

Dans la garde-robe

Robinson n'est *presque* jamais seul. Et ce « presque » est déjà de trop à ses yeux. Il use de toute son imagination pour m'interdire de m'éloigner de lui. Parfois, quand un couple se distend, celui ou celle qui ne veut pas que l'autre parte menace de se suicider. Voilà le lien entre l'amour, la mort et la merde : Robinson, lui, menace de faire ses besoins partout. C'est encore plus efficace.

Mais les non-autistes sont ingénieux et cherchent toujours des trucs et des ficelles, des systèmes D et des bouts de sparadrap pour se sortir de l'embarras. À l'organique, au primordial, ils répondent par du pratico-pratique. À la merde ontologique, ils finissent par trouver la parade concrète.

Ma parade a pour nom : la salopette.

J'ai essayé les ceintures et les bretelles, mais il a facilement contourné ces obstacles rudimentaires. La salopette seule ne suffirait d'ailleurs pas. Elle doit être recouverte d'une chemise ou d'un pull pour faire preuve d'efficacité. Champion du monde quand il s'agit de baisser son pantalon en un temps record, Robinson est incapable d'ôter un chandail, sans doute parce que le moment du passage obscur de la tête dans le col, métaphore immortelle de la naissance, lui fait peur. Quant à ses chemises, il ne sait pas en ouvrir les boutons et, par miracle, n'a encore jamais songé à les arracher.

De toute façon, les magasins de vêtements, j'ai beau chercher et interroger anxieusement les vendeuses, ne proposent plus à leurs clients de salopettes pour les garçons — ou alors pour les tout petits bébés. Vivement que revienne la mode. J'ai donc acheté une salopette de fillette, un peu serrée. Comme je n'aime pas que mon fils soit ridicule, je la recouvre de ses vêtements habituels. La chemise ou le chandail ont donc un double usage : empêcher Robinson de se déshabiller et cacher cette grotesque camisole de force antimerde.

Or, puisqu'il faut tout dire, puisque ces pages ne constituent nullement un témoignage véridique, mais appartiennent au domaine de la fiction, plus précisément de la poésie épique, et qu'à ce titre elles participent à l'artifice de la littérature qui ne dit la vérité que lorsqu'elle ment, à moins que ce ne soit l'inverse, on sera content d'apprendre que, tout de même, ces épisodes éprouvants présentent un aspect positif — voire un progrès. Car, lorsque Robinson fait mine de se déshabiller, je le conduis *ipso facto* aux toilettes et il accepte alors d'y faire ses besoins, alors qu'il fut un temps, pas si lointain, où il préférait nettement remplir son lange. J'attendais longuement assis auprès du siège blanc sur lequel il se trouvait. Je lisais un peu de poésie — «Vieil Océan, aux vagues de cristal [...]; tu es un immense bleu, appliqué sur le corps de la terre : j'aime cette comparaison» —, puis, perdant patience, j'habillais mon fils, certain qu'une demi-heure plus tard il profiterait d'un moment de distraction pour emplir son lange de matières alvines, aux vagues de labour.

Ce temps est derrière nous, semble-t-il, les couches-culottes que je dois changer régulièrement ne sont plus lourds que de vagues d'urine aussi blondes que la rencontre fortuite, sous un soleil ardent, d'un épi de blé mûr et d'un surligneur jaune fluo.

Je suis alors sans cesse devant un dilemme : salopette — le nom, je m'en aperçois en l'écrivant, est déjà ridicule — ou pas salopette ?

La lui mettre, c'est opter pour la sécurité mais renoncer à toute éducation. Si je vois qu'il est temps pour lui de se rendre aux toilettes, le nombre d'opérations à effectuer afin d'y arriver à temps augmente de façon critique.

Ne pas lui mettre, c'est vivre dangereusement.

J'ai choisi le compromis. La plupart du temps *no salopette* et je le surveille de près. Si je dois le laisser seul — par exemple pour m'enfermer à mon tour aux *waters*, eh oui, ou si je veux faire une sieste : *salopette*.

À l'école (je ne parle guère ici de l'école — mais on ne peut pas tout faire), Robinson se déculotte encore plus souvent que chez son père, paraît-il, et devant les institutrices — il suffit qu'elles soient occupées par un autre petit oui-autiste —, mais seulement pour uriner — à chacun son dû, à chacun sa croix. Plus ingénieuses que moi, les institutrices ont inventé un autre système : une corde qu'elles faufilent à la place d'une ceinture dans les passants de son pantalon puis qu'elles croisent dans son dos, font passer derrière ses épaules et croisent à nouveau sur ses omoplates. Ainsi Robinson a l'air d'un cycliste des temps héroïques transportant avec lui sa chambre à air de rechange — ou d'un aviateur avec son parachute.

— Nous avons acheté une corde d'alpiniste dans un magasin spécialisé pour que sa peau ne soit pas irritée, m'ont expliqué ces femmes au courage exemplaire.

Il m'est difficile d'imaginer avec précision l'opération, Robinson se débattant tandis que les institutrices cherchent à le ligoter en douceur. Mais peut-être se laisse-t-il faire ? Il est capable de méfiance : il ne mange aucun aliment, même dûment répertorié par ses soins, sans au préalable en vérifier l'odeur. Il fronce les sourcils si je m'empare de sa brosse à dents. Mais, comme jamais il ne se projette dans autrui, sa méfiance est directe et ne devine rien des détours retors et pernicieux des non-autistes. La salopette, *a priori*, ne le gêne pas (et sans doute en va-t-il de même pour le cordage des institutrices) : il ne se rebiffe pas quand je la lui enfile, lève le pied comme pour son pantalon. Il oublie que, bientôt, elle sera une cage lui interdisant de peindre le mur avec sa merde.

Dans l'air et dans la bouche

Robinson isole, au milieu de la trop longue phrase que je viens de prononcer, les trois mots « brosser les dents » qui, pour lui, ne doivent former qu'un seul vocable et qui, en tout état de cause, provoquent aussitôt un vif mouvement de recul accompagné d'un *gniiiii* sonore. Il file dans son lit, se cache sous ses couvertures. Cela recommence : le grand non-autiste est encore pris de cette lubie incompréhensible ; lui d'ordinaire plutôt inoffensif, voilà qu'il caresse à nouveau le projet de me violer la bouche au moyen d'un ustensile mesquin et absurde.

Ma première tactique est de l'ordre de la douceur, de la persuasion, de la pédagogie : je prends ma voix la plus ronde, j'articule lentement, je souris. Robinson ouvre vaguement la mâchoire, mais il la resserre dès que j'y introduis la brosse à dents, qu'il mord de toutes ses forces. Le second assaut est encore plus inopérant : les bras de mon fils semblent se multiplier comme ceux de Shiva pour s'interposer entre ma main et son visage.

Je pourrais renoncer, pensez-vous peut-être, à quoi bon ? Hélas, il s'agit d'une de mes hantises : les caries, les maux de dents, l'insupportable douleur qui vrille le cerveau. J'immobilise donc Robinson comme je peux, en le couchant à terre, et j'opère de force, contre son gré. Cela ne contribue pas à nous préparer au sommeil, ce rude rituel, chaque soir.

Pour nous remettre de nos émotions et pour nous réconcilier, je propose moi-même ensuite à Robinson une petite séance de bulles de savon par la fenêtre de sa chambre.

Ce soir, j'ai une idée. Et si j'inversais l'ordre des opérations ? J'ouvre alors *gratuitement* la fenêtre et me munis à la fois de la brosse à dents et du nécessaire-à-bulles (si je puis dire). Robinson marque une certaine surprise, mais aussi une forme de satisfaction. Bientôt, il se met à rire alors que les premières sphères légères glissent au-dessus des toits. Je tente alors le tout pour le tout : je lui montre sa brosse à dents et le prie d'ouvrir la bouche. Il obtempère tranquillement et me laisse donner partout, molaires, canines, incisives, mâchoire supérieure, mâchoire inférieure, des petits coups de brosse vifs et précis. Je le félicite. Puis nous en revenons à nos bulles de savon. Même la guerre de Cent Ans a un jour pris fin.

Dans la confusion de la fusion

— Montre Hélène ! Robinson ? Montre Hélène !

Robinson n'a pas l'air de m'entendre : il est sans doute trop occupé par une pensée intime dont j'ignore aussi bien le contenu que la forme ou la substance. Pourtant, comme un adulte fatigué répond aux sollicitations d'un gamin turbulent, il finit par lever le bras et tendre la main en direction de ma femme, sans la regarder, sans la désigner clairement du doigt, sa paume demeurant entrouverte et ses yeux s'égarant dans le vague.

Pareille petite victoire suffit à m'enchanter. Et je poursuis ce jeu qui m'amuse plus que lui. De la même façon, sans se tromper, Robinson m'indique où sont Hadrien, son demi-frère, puis sa demi-sœur, Zoé. Cela se complique quand je prononce l'un après l'autre les prénoms de mes belles-filles, Louise et Camille, Camille et Louise, qu'il a tendance à confondre : elles paraissent ne former pour lui qu'un seul être à double incarnation, un être pluriel et indistinct, mouvant, incompréhensible, lointain et variable.

— Montre papa ! Robinson ? Montre papa !

Cette fois, mon fils semble enfin s'intéresser au jeu — à moins que ma dernière question, plus facile que la précédente, ne lui donne l'assurance qui lui manquait jusque-là. Avant de répondre, il m'adresse un regard souriant, plein de fierté et de douceur, comme un petit enfant qui apporte, le jour de la fête des mères, à la sienne un cadeau bricolé avec amour durant de longues heures d'école, et, sans hésiter, il met son doigt sur sa propre poitrine.

Au cimetière

Ai-je toujours eu un enfant dans les bras ? Calé sur mon flanc droit, à cheval sur mon bassin, les mains sur mes épaules, les fesses soutenues par mon bras le plus solide ? La vie au coin de ma vie ?

Comme son nom l'indique, le cimetière de Robermont se situe au sommet d'une ronde et large colline. Les tombes immobiles semblent en grimper ou en descendre les flancs. Quand de vieux arbres n'emplissent pas l'espace, le promeneur y jouit à chaque pas d'un paysage différent, campagnes qui s'étagent au loin, chemins tortueux, faubourgs de la ville lovés en contrebas, contre le fleuve... Aujourd'hui, alors qu'en compagnie d'Hadrien et de Zoé je parcours ce labyrinthe mélancolique et voluptueux à la recherche de nos morts, mes parents, mes grands-parents, qui ne sont pas regroupés, mon ami Arthur (dit Titus), un oncle, un cousin, je porte Robinson dans les bras. Malheureusement, il se débat : à ses yeux, cette plaine de jeux, avec ses modules psychomoteurs en marbre ou en granit, bien durs, mais pas trop hauts, faciles à escalader, est tout à fait irrésistible. Il est trop grand et mon dos est devenu trop fragile : je suis obligé de le laisser descendre. Malheureusement, il refuse tout autant de rester sagement à côté de moi en me donnant la main que de profiter du point de vue surélevé dont il jouissait dans mes bras. Comme je l'empêche de fuir, il crie, il enrage, il pleure de colère. Nous arrivons devant la tombe de ma grand-mère maternelle, située dans un tournant, au pied d'un arbre, un orme, je crois.

Je n'ai pas le temps d'en admirer l'épitaphe, une phrase en latin : «*Sit tibi terra levis* / La terre te soit légère», car Robinson, profitant de notre immobilité, redouble d'ardeur : il tire avec détermination mon bras, m'écartèle, s'agenouille pour augmenter encore sa force de traction, hurle à tue-tête et se mord férocement le doigt en dardant dans mes yeux un regard plein de désespoir, comme pour me signifier qu'il ne comprend nullement ma folle obstination. Je n'en peux plus. Les voisins de ma grand-mère ne sont guère fleuris, même en cette période de Toussaint, et le temps n'a même pas respecté leur patronyme : personne n'a pris soin de recoller les lettres de métal qui ont glissé sur la pierre, de sorte que les Dethier ne s'appellent désormais plus que D hier, ce qui n'est pas faux mais peut paraître vexant. De guerre lasse, dans un moment de faiblesse, je lâche Robinson, advienne que pourra ! Il se met aussitôt à escalader la tombe abandonnée. Mais une fois perché sur la croix, il attire les regards d'un couple de vieilles personnes. Un homme en manteau de chasseur vert, qui — pas de chance — ressemble à mon grand-père, tend vers mon second fils un doigt accusateur. Le caractère sacré du lieu l'empêche de crier sa colère — tout en la justifiant.

Grand-maman, grand-maman, j'aimerais t'adresser quelques pensées, te retrouver dans ma mémoire, ta démarche claudicante, le grain particulièrement caillouteux de ta voix, raconter à Zoé et à Hadrien ton entrée à l'université à une époque où les filles y constituaient une glorieuse exception, mais... je ne peux décemment pas laisser ton arrière-petit-fils profaner ton cimetière! Je sens se poser sur moi de nombreux regards, tandis que, à la force du poignet, j'entraîne Robinson dans l'allée.

La colère des gens me transperce. Je plaide coupable, mais j'aimerais pouvoir faire état de circonstances atténuantes auprès de ces inconnus qui me jugent de loin, au vu d'un segment de ma vie, capté avec la technique de la caméra, en ne bénéficiant que d'une très mauvaise prise de son, un brouillard phonique d'où ne sourdent que les étranges lallations de Robinson, sans le secours d'un narrateur omniscient pour leur expliquer les tenants et les aboutissants de cette désagréable scène — un seul segment tronqué, certes, mais bien réel : telle est bien ma vie à cet instant précis, la mienne et celle de personne d'autre.

Mes deux aînés, frustrés, une fois de plus, par

la tournure que prennent les événements en présence de leur cadet, m'emboîtent le pas et nous dévalons le sentier comme des voleurs, en entraînant un Robinson toujours aussi récalcitrant.

Je ne sais quel parti prendre : poursuivre la promenade ou battre en retraite. La tombe suivante, celle de ma grand-mère paternelle, se trouve à l'autre extrémité du cimetière. Nous pouvons, pour nous y rendre, emprunter des allées larges, dans lesquelles il sera plus facile de contenir Robinson. Nous passerons devant une statue funéraire blanche représentant une pleureuse tout entière recouverte d'un drap de marbre, que, depuis une dizaine d'années, une structure de verre et de métal protège des passants et des intempéries.

Il faudra ensuite s'approcher des grilles de sortie, longer un moment l'enceinte de briques rouges noircies par la pollution, contourner cette tombe lascive sur laquelle est toujours assise une femme nue de pierre beige, bombant la poitrine et penchant la tête en arrière. Si Robinson le veut bien, nous redescendrons ensuite une large allée et je connais le nom de la tombe après laquelle il conviendra d'obliquer vers la droite. Ce nom a une histoire qui mêle en mon passé propre, au plus loin, les propres fils qui nouent inextricablement l'amour, la mort et la merde.

Ai-je toujours eu un enfant dans les bras ? J'étais exactement au même endroit de la terre, une quinzaine d'années plus tôt, Robinson n'était pas né, mes parents étaient toujours pleinement en vie — c'était ma grand-mère qui venait de mourir, celle dont je porte le nom de femme mariée. Et c'était Hadrien qui occupait une place entre mon flanc et mon bras droit. Je suivais, en portant mon fils aîné, le convoi funéraire et, en prévision de visites futures, je cherchais autour de moi des points de repère à travers le champ de tombes.

Quelques jours plus tôt, mon frère César, en plein repas familial, s'était écrié, un large sourire aux lèvres :

— Sais-tu comment on appelle un pet un peu trop fort qui salit le calbar ?

— Euh, un pet mouillé, peut-être...

— Oui, mais c'est une expression. Il y a mieux et en un seul mot.

— Je ne sais pas...

— Un bonus !

Et il avait éclaté d'un rire tonitruant, répétant « Un bonus ! Ah ! Ah ! Ah... », avec une jovialité telle que, même si l'on ne trouvait pas cela si drôle, cette assimilation d'un misérable accident intestinal avec un cadeau publicitaire, il était difficile de ne pas le suivre dans son hilarité scatologique.

Lors de l'enterrement de notre grand-mère, comme le cortège tournait, une fois de plus, dans les dédales du cimetière, j'avisai une tombe, large, blanche et haute, sise au coin de l'allée dans laquelle nous nous engagions. J'en lus alors l'inscription dans l'espoir d'y relever un moyen mnémotechnique.

Par malheur, mon frère était à côté de moi. Je lui filai un discret petit coup de coude et lui désignai la tombe.

— Regarde...

Il éclata de rire, malgré lui. Et, malgré moi, je me mis moi aussi à rire de façon maladive et désagréable, secouant dans mes bras Hadrien incapable de comprendre ce qui nous arrivait.

Je n'avais pas encore pleuré, ce jour-là : la mort ressemblait à un spectacle dans lequel je ne parvenais pas à entrer, malgré l'affection que j'avais éprouvée pour ma grand-mère tant qu'elle était en vie. Et soudain, le rire et la merde, ces deux inénarrables compagnons, me projetaient au cœur de la scène, dans l'intime de la vie, la vie de la mort, même si c'était à une place que je ne voulais pas : celle du rieur et non celle du pleureur.

Je riais parce que mon frère riait, mon frère continuait à rire parce que je partageais son rire, nous riions parce que nous ne pouvions pas rire, parce que notre grand-mère était morte, parce qu'il existait des blagues scatologiques, parce que la mort est triste, la merde drôle et agressive, parce que nous avions envie de pleurer et que, comme un mangeur qui avale de travers, nous nous étions trompés de chemin, parce que nous n'étions pas des dieux mais de simples mortels et parce que, sur une tombe, nous avions lu les mots : «Famille Bonus».

Un peu plus tard, à peine avions-nous repris nos esprits que notre cortège funéraire s'immobilisait et formait un cercle autour d'un trou au fond duquel un cercueil de bois clair était enfoncé par deux hommes habillés de toile bleue. Quand mon grand-père, qui avait pour nous toujours incarné l'ordre, l'assurance, la droiture et la bonté, l'air désespéré, perdu, paumé, frêle comme un enfant déguisé en vieillard, fit deux pas vers la fosse comme pour retenir sa femme, ou la suivre, dans mes bras, mon fils sentit le cœur de son père sursauter avec violence. Il prit peur : il crut que je mourais, moi aussi, que j'allais m'effondrer, tomber à terre et tomber sur lui. Mais je restais bien droit : j'éclatai, enfin ! en sanglots.

Zoé, Hadrien, Robinson et moi arrivons au carrefour immémorial où trône la tombe des Bonus — mais le plus jeune membre de notre quatuor s'est comporté de façon infernale durant tout le trajet : devant chaque tombe, il a cherché à se dégager en maugréant. Or, plus loin, le chemin s'avère moins praticable, les voies se resserrant, les tombes tentatrices se rapprochant — plus loin, c'est-à-dire après que l'on a dépassé la tombe mythique de la famille Bonus.

Aussi, la mort dans l'âme, après un dernier coup d'œil vers la vallée, nous renonçons ; nous qui aimons les souvenirs, les cimetières et la famille, nous faisons demi-tour pour rejoindre la voiture.

À travers la narration

Sous forme de dactylogramme A4 relié, encollé et enveloppé dans une couverture jaune, la version antérieure de ce roman est arrivée dans les mains d'un jeune ami, Thibaut L., qui travaille dans une maison d'édition. À son avis, il conviendrait d'introduire dans le récit une progression «qui ne soit pas celle, actuelle, d'une gradation/radicalisation des propos tenus sur la merde». Tu m'étonnes. L'ennui, c'est que la maladie dont souffre le oui-autiste (ou dont souffre son entourage) n'est rien d'autre qu'une absence totale de progression. Il s'agit de la définition même de l'autisme — d'une de ses définitions. Faut-il dès lors inventer une évolution? Guérir Robinson? Convertir son père à je ne sais quelle sagesse, à je ne sais quel mysticisme? Reprendre le thème éculé de la rédemption par l'écriture ou par l'art? Ou insérer mes descriptions et mes minirécits dans une large fiction qui poserait une question et donnerait envie d'en connaître la réponse? Pourquoi ne pas transformer ce roman en polar ? Mon commissaire serait ralenti dans son enquête par les soins qu'il lui faudrait prodiguer à son fils oui-autiste. Ne pourrait-il, au gré d'une association d'idées lumineuse, découvrir la clé de l'énigme en ramassant de la merde étalée sur son tapis persan ? Faut-il mentir en disant la vérité ou dire la vérité du mensonge ?

Robinson, lui, ne ment jamais. Quand il jette un objet mou, qui atterrit à terre en silence sans que je m'en aperçoive, il me le montre avec une honnêteté confondante. Si, par un signe de la main, il m'indique son gobelet, c'est parce qu'il a vraiment soif, et non, comme j'ai parfois tendance à le croire, pour attirer l'attention, pour rester dans la pièce que nous sommes sur le point de quitter, etc. Nulle ruse : la transparence de l'immobilité.

En diagonale

Depuis bientôt une heure, Robinson fait les cent pas, de façon mécanique et rapide, mais sans la moindre accélération, entre la fenêtre de sa chambre et le coin de la garde-robe, selon une diagonale unique, *ne varietur*, la diagonale du oui-autiste, cinq mètres dans un sens, une chiquenaude sonore au radiateur, demi-tour, cinq mètres en sens inverse, une chiquenaude à la serrure de la garde-robe, demi-tour, etc. Arrivé au dernier pas, juste avant de changer de cap, il donne du talon un petit coup sec dans le sol, comme un soldat au moment du «garde-à-vous», ce qui produit un léger claquement à travers la moquette. Son visage n'exprime aucun signe d'ennui : son air rappelle celui de l'homme qui accomplit une tâche familière et rassurante, avec l'obstination d'un vieux cheval longeant sans fin depuis des années la clôture bornant son horizon. Sans doute est-ce à tort que je vois dans ce cheminement répétitif un symbole de l'absurde, de l'immuabilité, du caractère minimal des progrès de mon fils ou, au contraire, une dénonciation des objectifs illusoires qui nous font croire, à nous, les non-autistes, que nos occupations éphémères — guerre, travail, amour, art — ont un sens. Robinson est en deçà de Sisyphe heureux : il n'a rien d'un héros de l'absurde.

Soudain, son pas se fait moins rapide, me semble-t-il, alors que sa trajectoire demeure identique. Robinson marche encore, mais de façon plus chaloupée : et le voilà qui se met à vomir ! Placide, résigné, il régurgite son dernier repas — quelques taches rouges signalent la tomate au milieu d'une pâte verdâtre. Il prend juste le temps de me lancer un regard, vaguement inquiet, mais nullement surpris, et de me désigner du doigt ses vomissures, avant de reprendre sa marche forcée. Visiblement, je l'ennuie en me précipitant vers lui, «Robinson ! Ça va ? », mais il s'immobilise enfin, renarde à nouveau, dans mes mains cette fois, sans avoir l'air de souffrir le moins du monde, Caton plus que Sisyphe, stoïque, calme, impressionnant, impassible — tandis qu'une odeur aigre, acide et contagieuse se répand dans la pièce.

Quant à moi, quand je vomis, je ne chante jamais : j'ai à la fois l'impression de retomber en enfance, de retrouver le temps de la totale impuissance, et d'agoniser. Je ne revois pas défiler ma vie, non, mais je ne peux m'empêcher de croire que, cette fois, ça y est ! c'est fichu, je meurs !

Quelques jours plus tôt, j'ai assisté aux derniers instants d'un cobaye, dans sa cage, au milieu d'un fétu de paille : rien ne semblait tragique dans cette fin, qui ne suscitait nul soubresaut, nulle révolte, aucun cri. Il s'agissait d'un événement parmi d'autres, accepté par le petit animal de la même façon que mon fils consent à vomir. Est-ce ainsi qu'un jour mourra Robinson, seul, engourdi, hiératique, sans le mot «mort», sans un dernier mot ? Pas la vie, la vie, plus la vie. Et c'est déjà tout.

Au carrefour des adieux

Robinson a compris, en fonction de la rue dans laquelle je gare la voiture, que nous allons nous quitter. Il ne sait pas pour combien de temps, même si je mets un point d'honneur à le lui spécifier. La situation l'excite visiblement, mais son excitation est difficile à interpréter. D'une part, il me demande de le prendre dans mes bras, de façon urgente, radicale, insistante : je m'exécute et il s'accroche à mon cou avec fougue. D'autre part, il rit comme avant une attraction foraine, comme un enfant qui joue à se faire peur. Il ne manifeste aucune tristesse à l'idée de la séparation.

Ensuite, il me tient très fort par la main, jusqu'à la dernière seconde. Mais, passé celle-ci, quand s'interrompt le dernier contact physique, c'est terminé, il semble déjà être passé à autre chose. Il part sans se retourner, sans un dernier au revoir, partageant, dirait-on, l'avis de la princesse Bibesco pour qui « Prolonger des adieux ne vaut pas grand-chose ; ce n'est pas la présence que l'on prolonge, mais le départ». Je le regarde s'éloigner paisiblement, avec l'impression d'assister à ma propre disparition.

À table sans Robinson

Le soir a réuni notre famille recomposée autour du repas, un poulet mariné au wok dans un bouillon de légumes, fenouils croquants et craquants, poivrons jeunes et jaunes, céleris-raves et graves. L'ambiance est légère, blagueuse, détendue et je ne me refuse aucun calembour : Robinson n'est pas là, je viens de terminer mon tour de garde. La conversation va bon train, démarre dans la bouche de Camille, qui aime lancer un sujet de réflexion puis se retirer subrepticement, rebondit contre les dents d'Hadrien avant l'intervention plus ou moins vive de Zoé ou de Louise, tandis qu'Hélène se met à l'abri et s'inquiète de l'éventuelle montée de la pression intersubjective. Pour ma part, j'attends, comme un vieux Sioux, le moment le plus propice pour intervenir à bon escient dans le *pow wow*, fier de ma tribu, heureux d'entendre ainsi les jeunes Apaches s'exprimer avec fougue. Mais les palabres familiales ne ressemblent en rien à des conférences rationnellement construites. Elles sont plutôt comparables à un océan, qui gonfle une vague subsidiaire, suit des courants sous-marins imprévus au gré de tel ou tel détail dans le propos, emportant les convives vers une autre rive que celle que laissait prévoir une conclusion logique. Tôt ou tard, quel que soit le thème abordé, crise politique dans notre royaume bilinguistique, tensions internationales, montée du racisme, élections françaises, philosophie de comptoir, psychanalyse sauvage, sociologie de boulevard, casuistique spontanée de l'amour ultracontemporain, les copains et les copines, l'école ou les études, films regardés de concert ou concerts écoutés d'une seule oreille, la conversation sera détournée par des flots lunaires, par un *Gulf Stream* imprévisible et atterrira sur l'île de Robinson. Quand il est là, par décence, nous ne parlons guère de lui. Lorsqu'il est absent, en revanche, l'enfant qui ne dit mot consent à être le centre de la discussion.

— Si, comme tu le crois, me lance Louise (l'aînée de mes belles-filles), l'être humain se définit par le langage, Robinson, à tes yeux, n'en est pas un, puisqu'il ne parle pas.

— Mais si ! Il fait partie des humains ! Comment peux-tu dire une chose pareille ? s'étonne Zoé. D'ailleurs, il rit ! Les animaux ne rient pas.

— Alors, il faut définir l'homme autrement que par le langage...

Ainsi, Robinson, qui souvent me sépare du monde en m'entraînant sur son île ou dans sa bulle de savon, au détriment de mes autres enfants et de mes belles-filles, produit-il l'effet inverse sur ceux-ci : il les projette dans le monde réel, en négatif, grâce à un jeu de contraste, par l'absurde.

La nuit est noire à présent et la vitre de la cuisine-salle à manger, au lieu de nous laisser apercevoir une partie de la cour et les premiers arpents d'un jardin en pente, s'est muée en miroir obscur dans lequel se reflètent les ampoules du lustre qui pend au plafond.

— Souviens-toi de ce que nous a expliqué tante Victoire, tente de répondre Hélène, l'entrée dans le langage des humains est concomitante de la perte des instincts. Robinson n'a pas plus d'instincts que toi ou moi. Il n'est donc pas plus proche des animaux qu'un autre. Renverser son bol de céréales, par exemple, alors qu'il a encore faim, cela n'a rien à voir avec un instinct.

— Peut-être appartient-il au langage, même si son langage est très déficient, dis-je.

— Albertine m'a dit qu'il était dans la pulsion, intervient Zoé.

— La pulsion et l'instinct, c'est la même chose, non ? demande Louise.

— Pas vraiment. L'instinct est un programme unifié qui régit plusieurs comportements dans un but précis. Les pulsions sont partielles et désordonnées.

— Cela dépend des théories, me coupe Hadrien.

Quand il est présent parmi nous, Robinson ne parle pas, mais son absence nous donne à dire et enrichit la réflexion de mon clan-puzzle recomposé.

— Est-ce par méchanceté, demande Camille à brûle-pourpoint, alors que nous évoquons l'avant-dernier film de Woody Allen, le dernier Tour de France ou le prochain tour de vis de la politique sociale européenne, que Robinson rit ou sourit d'un air ficelle après avoir jeté la télécommande à travers le salon?

— Mais non! s'exclame Zoé. Jamais mon petit frère n'a été méchant.

— Il cherche tout de même à te faire réagir dans ces moments-là, note Hadrien.

— Oui, il établit des formes de contact et il aime cela, ce qui n'est pas si mal, pour un oui-autiste, on a de la chance de ce point de vue, mais je ne crois pas qu'il soit capable de s'identifier à autrui. Or la méchanceté n'est-ce pas prendre plaisir à imaginer la souffrance de l'autre?

— Si tu vas par là, ne dois-tu pas tenir le même raisonnement à propos de ses élans d'affection? demande Louise. S'il n'est pas méchant quand il lance une crotte sur Zoé, il n'est pas gentil quand il se blottit contre toi.

— J'ai entendu dire que pour les oui-autistes, l'Autre n'existait pas assez, explique Hadrien en parlant exactement au même moment que sa sœur par alliance, alors que les psychotiques, c'est l'inverse.

— Robinson te ment-il parfois? m'interroge soudain Camille.

— Je ne suis pas sûre de comprendre, papa, réfléchit à voix haute Zoé. Tu nous dis qu'il n'intériorise pas les lois : il croit que c'est par caprice que tu lui interdis de sauter dans le fleuve ou de tirer sur un fil électrique. Mais quand il est maniaque, il obéit à une voix intérieure, à des ordres venus d'«en haut», comme tu dis. C'est contradictoire, non?

Que l'on prenne la parole ou que l'on se taise, la conversation s'empare des esprits, déplaçant les membres de la tribu en circulant autour de la table rectangulaire, chacun et chacune s'exprimant bien entendu en fonction de ce qu'il est ou de ce qu'il devient, fille, garçon, jeune, adulte, extraverti ou réservé, mais aussi selon le roulis des mots et des idées, comme la Terre dans l'espace, à la fois inchangée et mouvante, gravite autour du Soleil selon une orbite elliptique dont l'astre lumineux n'occupe qu'un des foyers — le second foyer, abstrait et insaisissable, s'appelle peut-être Robinson.

Sur une île au milieu de la mer

Mon agenda l'atteste : j'ai une double vie. Aux pages pleines de noms de lieux, d'heures fixées, d'heures barrées, d'heures re-fixées, de tâches à accomplir, de rendez-vous, de noms de personnes, parfois un prénom, parfois un nom de famille, succèdent des pages blanches sur lesquelles n'est inscrite que la lettre «R» signifiant «Robinson».

Sociable, nomade, populaire, affrontant des auditoires de cinq cents étudiants, courant les colloques, les séminaires et les conférences, combinant les amitiés, père de tout cœur, beau-père, mari à temps plein, correspondant avec des professeurs et des écrivains d'ici et d'ailleurs, de par le vaste monde, agité du bocal, naïf, enthousiaste et facétieux, dévorant le stress pour mieux ravaler l'angoisse, cycliste, piéton, usager des trains, toujours en retard face au temps indéfiniment en avance.

Puis, soudain, immobile. Solitaire. Silencieux. Avec Robinson dans son île. Ne gardant avec le monde que peu de contacts : ma famille directe, y compris mes sœurs et frère et ma tante Victoire, seule personne au monde qui préfère me rendre visite lorsque j'ai la garde de Robinson — et, de façon très superficielle, une certaine caissière dans un supermarché.

Un jour Cicéron subjuguant le Sénat de sa parole, le lendemain l'esclave torchant le cul de l'enfant-empereur.

Quand je décide de changer de pièce ou de sortir de la voiture, parfois Robinson regimbe, manifestant son ire par un grondement obscur. Moi qui, avec toute autre personne, adulte ou enfant, privilégie toujours spontanément la concertation et le dialogue, j'ai toujours envie de m'opposer fermement à sa résistance, volonté contre volonté, de me montrer intransigeant. Je ne réagis pas là en père, mais en enfant moi-même, retrouvant dans mon corps la trace d'obstinations primitives. À têtu, têtu et demi.

Alors que je lui enfile sa chaussure, Robinson se met à grogner, aigre, agressif, impatient. Il était souriant un quart de seconde plus tôt et je partageais pleinement sa gaieté. Le voilà qui râle — j'ignore pour quelle raison, physique ou morale : aussitôt, je sens en moi monter une sourde fureur. Si je me laissais aller, je crierais, je frapperais, je mordrais — comme si le poison de la colère, débordant de son corps, se déversait aussitôt dans le mien. Comme si, moi non plus, je ne jouissais pas du langage pour mettre à distance mes émotions.

J'accepte, après hésitation, les invitations de mes amis, mais je ne les suscite guère, alors que je suis d'ordinaire affreusement mondain. Et quand nous nous promenons en ville, Robinson et moi, si, d'aventure, je croise un camarade, celui-ci me reconnaît à peine : malgré mon titre de champion du monde de la réplique facile, insolite ou stupide, je demeure sans voix, le regard suppliant, espérant que l'on me comprenne, m'excusant de mon désarroi, désireux de fuir, déjà, de regagner notre bulle autistico-paternelle. Il est rare, d'ailleurs, que l'on nous retienne, que l'on nous invite à boire un verre — même si cela a pu arriver —, que l'on me propose de nous faire un brin de conduite...

Et nous reprenons notre route, laissant le monde s'engouffrer en nous comme un vent furieux, nous traverser de part en part, puis nous quitter sans avoir déposé sur notre carcasse la moindre trace, sans avoir bousculé, quels que soient sa force et son degré sur l'échelle de Beaufort, en notre intériorité, le moindre nuage, le plus petit brin d'herbe, la plus modeste de nos fleurs de la merde.

Robinson s'adapte-t-il à moi ? Ou est-ce moi qui m'adapte à lui ? Qui rejoint son île au milieu de la mer ? Quand nous descendons la rue en courant, si je ne ris pas comme lui, c'est que j'ai peur du regard d'autrui. Quand nous jouons à la bataille ou au bateau qui coule dans la houle des draps de lit, j'expulse de mon corps moi aussi des sons inarticulés, rugissement de tigre, tumulte de la tempête sur un toit en tôle, cris vainqueurs d'un gorille à dos argenté. Ou alors, je m'empare d'un des tuyaux d'aspirateur de sa collection et, tout en faisant tourner, d'un mouvement circulaire du bras, l'une de ses extrémités, je répète dans l'autre son prénom, en prenant une voix d'outre-tombe déformée par le conduit mouvant, Robinson Robinson.

Et dans le fleuve

Peut-être, un jour, Robinson s'emparera-t-il d'une clé récupérée sur une porte et la lancera-t-il à travers la chambre. Elle ira rebondir contre le radiateur, dont la peinture blanche s'écaille. Au lieu de la ramasser en faisant semblant de rien, ou de le gronder parce que, tout de même, la violence du geste et du bruit m'a fait sursauter, j'arracherai la poignée de la porte, qui n'est pas si bien fixée que cela, et la jetterai au hasard devant moi, de toutes mes forces. Miraculeusement, comme si mon geste primordial avait été guidé par la lumière, c'est dans la fenêtre qu'elle atterrira, faisant éclater la vitre. Ce sera très drôle. Ensuite, je ferai basculer la grande armoire par terre tandis que Robinson, heureux de cette soudaine activité, se déculottera pour pisser sa joie sur le tapis. Je ferai de même. Puis, profitant de cette parfaite synchronie des corps qui ne se rencontre que dans le sport, la danse et l'amour, nous chierons de concert en lançant en l'air des rires burlesques. Robinson prendra sa merde en main et, après en avoir vérifié l'odeur, il m'en maculera le visage avec tendresse et avec une souveraine gaieté. Là encore, j'imiterai chacun de ses gestes comme un apprenti scrupuleux. Nous nous rendrons ensuite à la fenêtre, marchant pieds nus sur les débris de verre, méprisant la douleur, ou plutôt en jouissant comme d'une saine stimulation. Dehors, il pleuvra et nous canarderons la rue avec le reste de nos productions anales.

Nous quitterons ensuite la chambre et dévalerons les escaliers, même si cela ne fait pas partie de nos prudentes habitudes. À chaque pas, des débris de verre minuscules s'enfonceront plus profondément dans la plante de nos pieds : la douleur est l'amie de la joie. La maison gardera trace de notre passage de merde et de sang.

Dehors, la pluie diluera quelque peu la couche fécale qui nous sert de peinture de guerre. La matière alvine coulera sur nos joues et imbibera nos chemises. Culs nus, nous courrons par les rues, sous la pluie, comme lady Chatterley et son amant, fondant sur la ville, comme Attila sur l'Occident, sans prendre garde à la circulation, comme un cheval au milieu d'un aéroport.

Les voitures freineront brusquement pour éviter de se salir à notre contact, dérapant sur l'asphalte mouillé. Mais les coups de klaxon rythmant notre escapade seraient moins tonitruants que nos deux rires conjugués. En passant devant les terrasses chauffées des cafés, nous produirons encore quelques crottes, cueillies directement à notre anus, et, après les avoir reniflées, nous les jetterons, sans haine et sans colère, comme autant de pures pépites de joie, en direction des consommateurs avachis, les petites productions dures et mates de Robinson renversant les verres de bière pisseux et mes semences plus molles, plus salissantes, s'écrasant sur les tissus.

Les membres en sang, trempés de pluie, nous arriverons enfin au cœur de la ville, et là, inconscients, insouciants, ignorants, mêlant l'eau à l'eau dans un ultime éclat de rire, scellant les liens étroits qui enchevêtrent la Mort, l'Amour et la Merde, nous sauterons ensemble à pieds joints dans le vieux fleuve majestueux, merdique et glacé.

> *On peut encore préciser, dériver, rêver, susciter la figure du père-mère, du père maternel [...] : du père tendre : figure absente de notre mythologie occidentale, carence significative.*
>
> ROLAND BARTHES

Merci à Valentine et à Véronique,
à Gérald, François, Jean-Pierre B, Stéphanie B, Jacques et Michou,
à Charlotte D et Charlotte N,
à Carmelo, Sophie et Constance,
à Caroline, Tanguy, Thierry et Jean-Pierre L,
à Géraldine et Geneviève,
à Livine, Nicole, Agnès et Stéphanie C,
à Adelaide et Gina,
à Madeleine et Monique,
à Maylis de Kerangal et à Benoît Virot
et surtout à Isabelle

Au pied du trône	13
Au supermarché, I	19
Dans les airs, I	29
Au tapis	30
Dans le catalogue	31
Dans Le Grand Livre des mots *silencieux*	32
À la foire	35
En la langue	37
Dans la main	41
Dans l'arbre peuplé du sommeil	43
Sur la route de l'angoisse	48
Sur la table à langer	51
Au cœur du drame	55
Au jour le jour, I (secrètes injonctions)	75
À l'avenir	78
En pleine sieste	81
En ville	83
Dans le vent	94
Autour de la taille	95
Face à nos mains	97

En fin de conversation (les bons conseils)	99
Au piano	100
Par la fenêtre	104
À la carterie	106
À la plaine de jeux	115
Dans la chambre de Robinson	124
Au bonheur des sons	132
Dans le monde	133
Au Maroc	134
Aux pieds des pieds	139
Dans les escaliers	140
Au jour le jour, II (injonctions paternelles)	142
À la piscine	144
Au plus haut	164
Devant la porte close	165
Dans mon cahier	166
Dans une direction ou dans l'autre	169
Dans la bibliothèque	170
Dans l'ordre ou dans le désordre	171
Aux terrasses des cafés	173
Au supermarché, II	174
Face à la joie pure et brute	182
Le long de la rivière	184
Au-dessus de l'armoire	187
En plein cauchemar	189
Sous le lustre doré	191
Sur un carnet de poésie	197
Hors de notre propre corps	198
Au comble de l'humanité	200
Hors de la boîte ronde et bleue	201
Dans les airs, II (les bulles de savon)	203

Chez des amis (le barbecue)	206
En plein dans le cœur	
mais pas en plein dans le mille	221
Dans la garde-robe	222
Dans l'air et dans la bouche	227
Dans la confusion de la fusion	229
Au cimetière	231
À travers la narration	238
En diagonale	240
Au carrefour des adieux	243
À table sans Robinson	245
Sur une île au milieu de la mer	250
Et dans le fleuve	254

DU MÊME AUTEUR

Aux Éditions Gallimard

ROBINSON, Paris, 2016 (Folio n° 6483). Prix Victor Rossel.

Chez d'autres éditeurs

Poésie

FILIATION, Liège, Éditions Le Fram, 2001.

TROP TARD, Soumagne, Tétras Lyre, 2007. Prix Marcel Thiry 2009.

MÊME MORT, Liège, Éditions Le Fram, 2011.

ULYSSE LUMUMBA, Bruxelles, Le Cormier, 2014.

PALIMPSESTE INSISTANT, Bruxelles, Tétras Lyre, 2014.

POÉSIE (PRESQUE) COMPLÈTE, Paris, L'Herbe qui tremble, 2018.

HOMO SALTANS. Avec des illustrations d'Antoine Demoulin, Liège, Tétras Lyre, 2018.

Essais

L'HYPOCRISIE PÉDAGOGIQUE, Mons, Éditions Talus d'Approche, 1999.

« UNE RHÉTORIQUE PAR OBJET ». LES MIMÉTISMES DANS L'ŒUVRE DE FRANCIS PONGE, Paris, Éditions Hermann, collection « Savoir Lettres », 2011.

PETITES MYTHOLOGIES LIÉGEOISES. Avec Jean-Marie Klinkenberg, Liège, Tétras Lyre, 2016.

TOUT LE RESTE EST LITTÉRATURE. ENTRETIENS. Avec Jacques Dubois, Bruxelles, Les Impressions Nouvelles, 2018.

COLLECTION FOLIO

Dernières parutions

6361. Virginia Woolf — *En compagnie de Mrs Dalloway*
6362. Fédor Dostoïevski — *Un petit héros. Extrait de mémoires anonymes*
6363. Léon Tolstoï — *Les Insurgés. Cinq récits sur le tsar et la révolution*
6364. Cioran — *Pensées étranglées précédé du Mauvais démiurge*
6365. Saint Augustin — *L'aventure de l'esprit et autres confessions*
6366. Simone Weil — *Pensées sans ordre concernant l'amour de Dieu et autres textes*
6367. Cicéron — *Comme il doit en être entre honnêtes hommes...*
6368. Victor Hugo — *Les Misérables*
6369. Patrick Autréaux — *Dans la vallée des larmes suivi de Soigner*
6370. Marcel Aymé — *Les contes du chat perché*
6371. Olivier Cadiot — *Histoire de la littérature récente (tome 1)*
6372. Albert Camus — *Conférences et discours 1936-1958*
6373. Pierre Raufast — *La variante chilienne*
6374. Philip Roth — *Laisser courir*
6375. Jérôme Garcin — *Nos dimanches soir*
6376. Alfred Hayes — *Une jolie fille comme ça*
6377. Hédi Kaddour — *Les Prépondérants*
6378. Jean-Marie Laclavetine — *Et j'ai su que ce trésor était pour moi*
6379. Patrick Lapeyre — *La Splendeur dans l'herbe*

6380. J.M.G. Le Clézio — *Tempête*
6381. Garance Meillon — *Une famille normale*
6382. Benjamin Constant — *Journaux intimes*
6383. Soledad Bravi — *Bart is back*
6384. Stephanie Blake — *Comment sauver son couple en 10 leçons (ou pas)*
6385. Tahar Ben Jelloun — *Le mariage de plaisir*
6386. Didier Blonde — *Leïlah Mahi 1932*
6387. Velibor Čolić — *Manuel d'exil. Comment réussir son exil en trente-cinq leçons*
6388. David Cronenberg — *Consumés*
6389. Éric Fottorino — *Trois jours avec Norman Jail*
6390. René Frégni — *Je me souviens de tous vos rêves*
6391. Jens Christian Grøndahl — *Les Portes de Fer*
6392. Philippe Le Guillou — *Géographies de la mémoire*
6393. Joydeep Roy-Bhattacharya — *Une Antigone à Kandahar*
6394. Jean-Noël Schifano — *Le corps de Naples. Nouvelles chroniques napolitaines*
6395. Truman Capote — *New York, Haïti, Tanger et autres lieux*
6396. Jim Harrison — *La fille du fermier*
6397. J.-K. Huysmans — *La Cathédrale*
6398. Simone de Beauvoir — *Idéalisme moral et réalisme politique*
6399. Paul Baldenberger — *À la place du mort*
6400. Yves Bonnefoy — *L'écharpe rouge suivi de Deux scènes et notes conjointes*
6401. Catherine Cusset — *L'autre qu'on adorait*
6402. Elena Ferrante — *Celle qui fuit et celle qui reste. L'amie prodigieuse III*
6403. David Foenkinos — *Le mystère Henri Pick*
6404. Philippe Forest — *Crue*
6405. Jack London — *Croc-Blanc*
6406. Luc Lang — *Au commencement du septième jour*

6407.	Luc Lang	*L'autoroute*
6408.	Jean Rolin	*Savannah*
6409.	Robert Seethaler	*Une vie entière*
6410.	François Sureau	*Le chemin des morts*
6411.	Emmanuel Villin	*Sporting Club*
6412.	Léon-Paul Fargue	*Mon quartier et autres lieux parisiens*
6413.	Washington Irving	*La Légende de Sleepy Hollow*
6414.	Henry James	*Le Motif dans le tapis*
6415.	Marivaux	*Arlequin poli par l'amour et autres pièces en un acte*
6417.	Vivant Denon	*Point de lendemain*
6418.	Stefan Zweig	*Brûlant secret*
6419.	Honoré de Balzac	*La Femme abandonnée*
6420.	Jules Barbey d'Aurevilly	*Le Rideau cramoisi*
6421.	Charles Baudelaire	*La Fanfarlo*
6422.	Pierre Loti	*Les Désenchantées*
6423.	Stendhal	*Mina de Vanghel*
6424.	Virginia Woolf	*Rêves de femmes. Six nouvelles*
6425.	Charles Dickens	*Bleak House*
6426.	Julian Barnes	*Le fracas du temps*
6427.	Tonino Benacquista	*Romanesque*
6428.	Pierre Bergounioux	*La Toussaint*
6429.	Alain Blottière	*Comment Baptiste est mort*
6430.	Guy Boley	*Fils du feu*
6431.	Italo Calvino	*Pourquoi lire les classiques*
6432.	Françoise Frenkel	*Rien où poser sa tête*
6433.	François Garde	*L'effroi*
6434.	Franz-Olivier Giesbert	*L'arracheuse de dents*
6435.	Scholastique Mukasonga	*Cœur tambour*
6436.	Herta Müller	*Dépressions*
6437.	Alexandre Postel	*Les deux pigeons*
6438.	Patti Smith	*M Train*
6439.	Marcel Proust	*Un amour de Swann*
6440.	Stefan Zweig	*Lettre d'une inconnue*